AF450517

# PETIT
# MANUEL
# D'ARCHITECTURE
## RELIGIEUSE
### AU
# MOYEN-AGE.

# VILLEFRANCHE,
## IMPRIMERIE DE V.ᶜ PINET,
### Rue de la Sous-Préfecture, 4.

**1843.**

Cet opuscule, tiré à petit nombre,
ne se vend pas.

# A MONSIEUR LE RÉDACTEUR

## du *Journal de Villefranche*.

Vous m'avez témoigné le désir de voir figurer, dans les colonnes de votre journal, quelques notions sur l'architecture religieuse au moyen-âge. Vous avez compris que c'était un besoin de notre pays et de notre époque, de pousser à la réhabilitation de l'art, aujourd'hui trop négligé, à qui nous devons les plus splendides monuments que nous ait transmis la piété de nos pères. Je cède d'autant plus volontiers à ce désir, qu'il me fournira l'occasion, par la publicité dont vous disposez, de mettre en circulation, dans notre province Beaujolaise, et peut-être dans les provinces limitrophes, quelques idées sur l'art religieux au moyen-âge, qui me paraissent ne pas y avoir assez pénétré. Une telle publication ne sera point stérile, si elle peut avoir pour résultat de contribuer à effacer cet usage barbare, devenu endémique parmi nous, de restaurer à la mode Grecque ou Romaine nos monuments d'architecture nationale, sans tenir aucun compte de la distinction des styles et des temps qui se sont succédés. C'est là qu'est le mal aujourd'hui : le zèle ne manque pas, mais la science ; et il ne serait plus possible de méconnaître que, de tous les genres de vandalisme, le plus funeste à l'art ne fut point celui qui outragea, par l'oubli ou par la violence, les monuments les plus vénérables, mais au contraire celui qui eut la prétention d'honorer l'art par des restaurations maladroites, que ne pouvaient avouer ni la science ni le bon goût. Le clergé, à la garde duquel est confié, dans nos campagnes surtout, ce qui nous reste de nos vieux monuments religieux, est plein de zèle pour leur conservation : il veille, il est attentif. Mais il s'égare quelquefois, par l'insuffisance de ses premières études ; et il entre avec lenteur dans le champ de la science monumentale que vient d'ouvrir au jeune clergé le goût éclairé de quelques Évèques, au nombre desquels brillent les chefs actuels des églises de Lyon et de Bordeaux.

Il s'égare à la suite des doctrines, si vivaces encore, de l'école classique ; exclusive, impitoyable, qui fut contemporaine de la renaissance des études religieuses sous l'Empire et la Restauration. Et pourrait-il en être autrement, lorsqu'on songe que, parmi les maîtres de la science, les architectes les plus renommés, il n'en est pas un sur dix qui, aujourd'hui en 1843, ait acquis des notions exactes et suffisantes sur les principes de l'art qu'on a nommé *gothique ;* pas un sur dix qui, sous l'influence froidement exclusive de ses études classiques, ne soit prêt encore, comme autrefois *Philibert Delorme* et *Soufflot,* à mutiler, au profit des traditions romaines, l'art divin et national de nos pères (*). Aussi, la restauration des études archéologiques, appliquée de nos jours à l'architectonique du moyen-âge, fut elle moins

(*) Nous nous hâtons de dire que, depuis un petit nombre d'années, quelques artistes se sont placés, au point de vue qui nous occupe, dans la plus honorable exception ; **et nous** sommes heureux de pouvoir déposer ici les noms de **MM.** *Dupasquier, Benoît* et *Desjardins,* jeunes architectes lyonnais, que de savants et importants travaux ont déjà rangés parmi les plus intelligents interprètes de la science monumentale du moyen-âge. D'autres noms, également Lyonnais, mais en très-petit nombre, pourraient être honorablement cités.

l'œuvre des architectes et des gens du métier, que celle de quelques hommes de goût, restés étrangers aux principes matériels de l'art, mais que les beautés de nos monuments nationaux avaient trop profondément émus, pour les laisser indifférents à l'injuste abandon dans lequel étaient tombées ces magnificences d'une autre époque.

Arrêter le travail de décomposition qui va toujours altérant le caractère primitif de nos monuments religieux ; prêcher, avec le haut clergé, une croisade pieuse en faveur de l'art ; populariser le culte d'une de nos gloires mises en oubli, et faciliter l'étude des éléments dont elle se compose ; tel est le but du petit écrit que je vous adresse.

Voici quelle fut son origine.

L'auteur avait, comme tant d'autres élevés à l'école de l'Empire, traversé ses plus belles années, sans soupçonner la valeur artistique des œuvres architectoniques du moyen-âge. Il passait devant les plus belles cathédrales, il pénétrait sous leurs sombres voûtes, non sans cette secrète émotion de l'âme qui porte aux sentiments pieux, mais sans remonter par la pensée aux sources de l'art qui lui procurait de si délicieuses impressions. Il s'y laissait aller avec bonheur et simplicité ; mais ce n'était qu'un sentiment naïf, instinctif et nullement réfléchi. Le moyen, en effet, d'admirer ce qui ressemblait si peu aux traditions de l'architecture grecque et romaine, qui avaient eu sous l'Empire le monopole de nos jeunes admirations ; de ne pas considérer comme barbare ce que les siècles littéraires s'étaient partout accordés à flétrir du nom de *gothique !*

Et pourtant, tout cela n'était ni gothique ni barbare. C'était tout simplement une réunion de chefs-d'œuvres qui ne se reproduiront plus, et que les âges futurs nous envieront. C'était l'œuvre savante des plus beaux génies du moyen-âge, dont le plus souvent les noms ignorés de nous, jadis connus de leurs seuls co-religionnaires, gisaient pour toujours peut-être écrasés et captifs sous les froides dalles du cloître. Ces beautés étaient sans rivales dans l'histoire de l'art, et personne ne leur accordait un regard ; personne, disons-nous, sinon quelques hommes tels que *Gœthe, Schlégel* et *Châteaubriand,* qui les premiers, noblement inspirés, furent vus pliant le genoux devant le *Dieu inconnu*, prosternés et adorant ce que d'autres avaient brûlé. (*) A leur suite, quelques bons esprits pénétrèrent dans la voie que l'œil d'aigle de ces hommes avait entrevue et signalée. Les œuvres monumentales du moyen-âge furent étudiées. Ce fut comme une résurrection, une découverte exhumée de terre. La mode s'en empara, dégagée cette fois du reproche de frivolité ; et une sorte de *Renaissance*, de meilleur goût que la précédente, vint après trois cents ans réhabiliter la plus noble gloire des temps intermédiaires (**).

Plusieurs ouvrages commencèrent à débrouiller le chaos. *M. de Caumont* entra des premiers dans cette croisade archéologique, qui devait marcher à la délivrance du tombeau de l'art. Son *histoire de l'architecture religieuse au moyen-*

(*) Beaucoup de nos lecteurs voudront joindre à ces noms célèbres celui de *Victor Hugo*; et ce ne sera que justice.

(**) Serai-je cru, lorsque je dirai qu'au sacre de Charles X, en l'an de grâce 1825, dans la crainte puérile que les détonations de l'artillerie ne déterminassent la chute, sur le cortége royal, des parties les plus saillantes de la façade de la cathédrale de Reims, des maçons suspendus à des cordes furent chargés de décapiter les belles statues qui décoraient les parties hautes de ce monument? Les ouvriers ne firent pas défaut à leur mission. Deux

*âge* tomba sous nos yeux. Nous en fîmes une étude attentive , en y joignant la lecture d'autres bons ouvrages sur la matière ; puis , nous visitâmes quelques cathédrales , pour faire l'application et le contrôle de nos études chéries. Pour faciliter nos investigations, nous analysâmes l'ouvrage de M. de Caumont , qui est resté le plus classique de tous ceux qui ont paru , et nous le réduisîmes à sa plus substantielle expression , en le pliant à la forme qui nous sembla la plus commode. C'est cette analyse , modifiée sous l'influence de nos propres réflexions , que nous donnons aujourd'hui.

Ce travail entrepris pour le besoin de nos seules études , et où nous avions dépouillé tout intérêt d'amour-propre personnel , eut pour nous

cents têtes furent jetées à terre. L'idée de consolider ce qui pouvait faire redouter une chute prochaine n'était venue à la pensée de personne. Ce n'était pas la peine : c'était bien convenu ; le plus beau monument du XIII<sup>e</sup> siècle était chose gothique et par conséquent barbare. Et ce furent les gens du métier , les maîtres de l'art , les architectes du gouvernement , qui ordonnèrent cette destruction en masse! Et il ne se trouva pas , dans tout le haut clergé, une voix pour protester contre cette profanation de la religion et de l'art ! Un tel fait caractérisera , mieux que tout ce que nous pourrions dire , l'état où se trouvait encore il y a vingt ans la question qui nous occupe.

viij

deux avantages. D'une part , il nous familiarisa avec les premiers éléments de la science ; d'autre part , il nous servit de canevas, pour y consigner successivement le fruit de nos autres lectures , et les résultats de notre propre expérience. Ce fut pour nous un *vade mecum* , un compagnon , qui ne nous quitta pas dans nos excursions studieuses. Et comme il ne renfermait que des résultats assez généralement admis, et point de discussion doctrinale , sa forme se prêta avec une grande facilité aux études de détails que nous étions appelés à faire sur le vif, et en présence des monuments. Chaque ornement , chaque moulure, chaque disposition architectonique qui se présentait à nos yeux , était à l'instant rapproché du travail préparatoire que nous avions en portefeuille. Ce contrôle nous facilita les moyens d'appréciation des caractères propres à chaque époque, et nous permit quelquefois de joindre à notre analyse , comme dans un cadre toujours ouvert, la consignation de nos observations personnelles. Nous crûmes reconnaître que ce résumé substantiel et portatif se prêtait mieux au travail actif d'investigation , qui consiste dans la visite des monuments et leur appréciation sur les lieux mêmes, que de longs et plus savants ouvrages, qui ne sauraient convenir qu'au repos et aux études patientes du cabinet.

Telles furent l'origine du travail que nous nous sommes imposé, et la limite de la part que nous nous attribuons dans son exécution.

J.-F.-A. PEYRÉ.

*Villefranche (Rhône), 20 septembre 1843.*

Voir à la fin de ce volume, la définition de quelques termes techniques, étrangers à la langue usuelle.

# VUE GÉNÉRALE.

Quiconque a porté quelques regards, même distraits et inattentifs, sur l'ensemble des productions architectoniques du moyen-âge, a bien vîte reconnu qu'il existe pour cette époque deux styles parfaitement distincts. C'est que les caractères de ces deux styles sont assez tranchés, pour qu'au premier coup-d'œil la personne la moins exercée puisse les distinguer immédiatement et sans effort. D'une part, c'est une architecture dont toutes les voussures sont taillées sur le patron du plein-cintre romain ; d'autre part, c'est l'architecture à ogive, c'est-à-dire à cintre formé de deux courbures se réunissant en pointe vers le sommet. Ces dispositions si nettement tranchées se combinent, dans chaque système, à d'autres caractères qui ressortiront plus loin. Mais il en est une, que dès à présent nous ne devons pas passer sous silence, parce qu'elle

2

nous a singulièrement frappé, et qu'elle nous a paru avoir une signification distinctive tout à fait caractéristique. Les monuments à plein-cintre du moyen-âge, comme les monuments grecs et romains, ont une tendance à l'*horizontalité*, c'est-à-dire à la prédominance des lignes horizontales sur l'élancement vertical. Ceux de l'art ogival au contraire se distinguent par l'élancement en sens contraire, par la *perpendicularité* des lignes et la hardiesse des projections dans le sens de la hauteur. Il est juste pourtant de reconnaître que, dans les plus grands monuments à plein-cintre du XII.ᵉ siècle, une tendance à la disposition perpendiculaire se manifestait déjà. Mais ce n'était pas le caractère du genre, le principe primitif de la ligne horizontale restant toujours dominant, malgré l'exhaussement des tours et des voûtes et la tendance contraire dont elles sont la plus naturelle expression. C'était une transition à d'autres principes qui s'opérait dans l'art, et annonçait le règne prochain de la pensée dominante qui se traduisit plus tard dans la langue savante de l'architecture ogivale.

Nous devons dire, en passant, que, par ses pyramides hautes et larges de pied, ses vastes temples, ses lourdes colonnes, ses longs entablements droits et ses obélisques élancés, l'art égyptien avait semblé vouloir consacrer simultanément ces deux qualités opposées.

A la fin du XII.ᵉ siècle, la fusion eut lieu, la transition s'opéra entre les deux principes contradictoires ; le plein-cintre et l'ogive marchèrent de conserve ; mais l'amalgame ne se fit pas ou se fit mal ; et à la fin le principe de la perpendicularité , comme le plus noble , l'emporta sur l'autre ; et l'ogive sans aïeux détrôna définitivement le plein-cintre qui avait ses racines dans la civilisation romaine. Puis, elle régna seule au XIII.ᵉ siècle.

Lorsque , dans ces derniers temps , on en vint à jeter les yeux sur ces monuments si longtemps dédaignés , cette différence entre les deux styles frappa tous les regards, et l'on donna deux noms différents à leurs produits divers. L'architeture à plein cintre fut nommée *saxonne* , *normande* , *lombarde* , *gothique ancienne* , du nom de quelques-uns des peuples barbares qui avaient envahi l'occident : l'architecture à ogive fut nommée simplement *gothique*. Ces dénominations n'étaient pas exactes , ou fondées sur la vérité des faits ; car les peuples du nord qui avaient occupé ou simplement traversé notre pays , avaient été conquérants plutôt qu'architectes. Aucune influence directe et personnelle sur nos arts n'avait été exercée par eux. Ils avaient pu ralentir le progrè s en toutes choses ; mais ne l'avaient pas dirigé (*). L'art romain qui avait pénétré le pays ,

(*) Peut-être pourtant ne serait-il pas impossible d'établir qu'au début de notre monarchie l'art des Goths eut plus de prépondérance qu'on ne semble vouloir lui en attribuer aujourd'hui, et que la dénomination d'*architecture gothique*, que les âges précédents nous ont transmise , ne fut point sans quelque apparence de fondement.

4

avait en se dégradant continué à subsister sans mélange, jusqu'au jour où les artistes bysantins étaient venus y faire prédominer les secrets de l'art dégénéré dont ils étaient dépositaires.

M. *de Caumont*, qui s'est placé chez nous à la tête de la science monumentale du moyen-âge, proposa d'autres qualifications qui furent généralement adoptées. De même que les premiers rudiments de notre langue nationale avaient été appelés la *langue romane*, il proposa d'imposer le nom de *romane* à l'architecture de nos pères, à partir de l'invasion franque de la fin du V.ᵉ siècle jusqu'à la fin du XII.ᵉ. Ensuite il nomma architecture *ogivale* celle qui eut pour caractère distinctif le cintre en tiers-point, ou en forme d'œuf ou d'ogive, et qui fut en grand honneur depuis et compris le XIII.ᵉ jusqu'au milieu du XVI.ᵉ siècle.

Cela fait, il proposa de subdiviser chacune de ces deux grandes époques en trois périodes, ainsi que l'avaient fait avant lui quelques antiquaires anglais.

ÈRE ROMANE.

La première période de l'ère romane, dite *primordiale*, régna du V.ᵉ au X.ᵉ siècle;

La seconde, dite *secondaire*, comprit le XI.ᵉ siècle;

La troisième, dite *tertiaire* ou *de transition*, comprit le XII.ᵉ siècle.

ÈRE OGIVALE.

De même, la première période de l'ère ogivale dite *primitive* par M. *de Caumont*, comprit le XIII.<sup>e</sup> siècle ;

La seconde, dite *secondaire*, comprit le XIV.<sup>e</sup> siècle ;

La troisième, dite *tertiaire*, comprit le XV.<sup>e</sup> et la première moitié du XVI.<sup>e</sup> siècle.

Ces divisions sont claires, simples, et nul ne les a contestées.

Il ne sera pas superflu d'ajouter que quelques auteurs appelèrent architecture *Bysantine* ou *Romano-Bysantine*, celle des XI.<sup>e</sup> et XII.<sup>e</sup> siècles, à cause de la prédominance des éléments Bysantins dans leur mélange avec l'art de filiation Romaine ;

Que d'autres appelèrent style ogival à *lancettes*, style *rayonnant*, style *flamboyant*, le style des trois périodes ogivales que M. *de Caumont* et les antiquaires anglais avaient proposé d'appeler *primitive*, *secondaire* et *tertiaire*. Cette division, dont nous verrons la justification plus tard, a, sur celle de M. *de Caumont*, l'avantage d'être à elle seule comme un résumé de toute la science monumentale de la seconde moitié du moyen-âge, et d'aider la mémoire, en donnant un sens significatif à la classification : nous avons cru devoir l'adopter.

Avant d'entrer en matière, nous ferons une observation qui aura souvent son application. Il faut, dans l'appréciation qu'on sera appelé à faire de l'âge d'un édifice religieux, se tenir en garde contre l'entraînement pouvant résulter du caractère général et dominant du monument observé. Il en est peu qui aient été bâtis sous l'inspiration d'une même pensée. Beaucoup d'années, des siècles même, se sont écoulés entre la première fondation et l'achèvement d'un grand édifice. Des additions, des corrections, des soudures, ont été faites après coup ; et il faut joindre à l'étude de l'ensemble, l'étude des parties séparées, pour diminuer les chances d'erreur. Puis, il faut se rappeler que le progrès n'a pas été le même dans toutes les provinces ; que le midi par exemple, en contact plus immédiat avec l'art romain, a tenu plus longtemps que le nord à la conservation du style, des formes et de l'ornementation romanes ; mais c'est une exception qui ne détruit pas les règles générales de classification que nous venons de poser.

Il faut aussi songer que les classifications que nous avons données ne sont pas rigoureusement absolues, les progrès de l'art ayant été continus. Ainsi, le siècle qui commence, participe toujours plus ou moins de celui qui s'éteint, le siècle qui finit, de celui qui va commencer. L'art, comme la nature, procède par dégradations insensibles, qui n'admettent pas de limites invariablement tranchées.

# PREMIÈRE PARTIE.

ÈRE ROMANE.

# JALONS

## des cinquième — dixième siècles.

AN

496. Bataille de Tolbiac. — Baptême de Clovis.

622. 16 juillet, fuite de Mahomet. — Commencement de l'ère de l'hégire.

752. Fin de la première race. — Avènement de Pepin le bref, premier roi de la seconde race.

814. Mort de Charlemagne, qui régnait depuis l'an 768.

842. Fin de l'hérésie des Iconoclastes, qui affligeait l'Orient depuis plus de 120 ans.

987. Fin de la seconde race. — Avènement de Hugues Capet, chef de la troisième race.

1000. Quatrième année de règne de Robert, fils de Hugues Capet.

# PREMIÈRE PARTIE.

## ÈRE ROMANE.

### Style roman primordial.

### V.ᵉ — X.ᵉ Siécle.

#### BASILIQUES ROMAINES.

Constantin, premier prince chrétien assis sur le trône impérial, voulut assigner des édifices au culte dont il s'était déclaré le protecteur. Il consacra à cette destination les basiliques, où siégeaient alors les tribunaux et les bourses ou bazars de commerce.

Ces édifices, dont la charpente était en bois, étaient fort simples, sans ornements, et divisés à l'intérieur en trois nefs parallèles, d'inégales hauteurs. Du côté opposé à l'entrée, on voyait un espace réservé aux avocats, greffiers et gens de justice ; et plus loin, à la suite de cet espace, un hémicycle appelé *tribune*, et plus tard *presbyterium*, où se tenaient les juges.

Une fois la nouvelle destination consacrée, la place de l'évêque ou prêtre officiant fut au fond de l'hémicycle, sur un siége élevé nommé *cathedra*. L'espace autrefois réservé aux avocats, fut occupé par les chantres et les prêtres, et prit le nom de *chœur*. L'autel fut établi entre le chœur et la tribune , c'est-à-dire en avant de l'abside. *L'ambon*, espèce de chaire à deux montées opposées , fut placé entre l'autel et l'entrée de la nef. Son usage était consacré à la lecture à haute voix de l'épître et de l'évangile.

La nef latérale de droite fut occupée par les hommes ; celle de gauche , par les femmes. Une partie de la nef centrale fut réservée aux catéchumènes, qui ne participaient pas aux mystères, mais assistaient aux instructions. La partie la plus voisine du chœur fut destinée aux ordres mineurs. On éleva parfois , le long de la nef principale , des tribunes qui furent occupées par les veuves et les vierges consacrées à la prière.

Quelquefois on ajouta aux basiliques une cour carrée , ornée de portiques, à l'usage des catéchumènes à qui la vue de la célébration des mystères était interdite.

Cette disposition générale et en forme de parallélogramme des basiliques, fut généralement maintenue pour les églises jusqu'au XI.ᵉ siècle , époque à laquelle on y fit quelques modifications qui n'en changèrent pas essentiellement la forme dominante. On vit pourtant paraître quelques églises circulaires ou octogones , mais en petit nombre. Cette forme exceptionnelle fut plus spécialement adoptée pour les baptistères , petits édifices distincts des basiliques , dont le nom indique la destination primitive. Aux IV.ᵉ et V.ᵉ siècles, on ajouta au parallélogramme deux *trans-septs* ou *chalcidiques*, entre l'abside et les nefs, c'est-à-dire une nef transversale qui donna à l'ensemble de l'édifice l'apparence d'une croix. Outre l'abside principale, on en plaça quelquefois deux autres, en face et à l'orient des deux collatéraux ou nefs latérales. On vit aussi, à la même époque, des églises à cinq nefs, produites par l'adjonction d'un double rang de colonnes. Ces dispositions, qui avaient été d'abord appliquées aux productions de l'art chrétien en Italie, furent imitées en France.

### CRYPTES.

A partir du V.ᵉ siècle, les cryptes ou *confessions*, destinées à recevoir les reliques des saints personnages voués à la vénération des fidèles, qui primitivement étaient réduites aux plus étroites proportions et décorées d'un seul autel, furent agrandies, et étendues sous le chœur et jusques sous les nefs, de manière à reproduire, en petit et souterrainement, l'église supérieure.

### PLAN.

Le plan par terre des édifices religieux changea peu ; seulement, le chœur s'allongea peu à peu, et on ajouta de nouveaux autels. La forme du parallélogramme resta généralement, en occident, aux églises qui furent élevées à l'époque dont nous nous occupons. Mais, en orient, la forme de la croix grecque prévalut à partir de

Justinien. Le temple que Constantin-le-Grand fit élever à Constantinople sous l'invocation de la divine sagesse, ou de *sainte Sophie*, qui[1], après avoir été plusieurs fois ruiné par des incendies et un tremblement de terre, fut enfin réédifié par Justinien en l'année 532, reçut une forme différente de celle employée dans l'occident. La forme adoptée fut la forme carrée ; et le milieu de l'édifice fut surmonté d'une immense coupole supportée sur quatre arcades à plein-cintre, reposant elles-mêmes sur quatre piliers figurant la croix grecque.

Cette disposition excita l'admiration des contemporains, et fut généralement adoptée dans les constructions religieuses de l'orient. On la reproduisit souvent, en adoptant pour plan la forme de la croix-grecque, qui donnait aux trans-septs la même longueur qu'à la nef principale. La coupole centrale était ce qui caractérisait le mieux ce style qu'on nomma *bysantin*, du nom primitif de la ville où il fut d'abord employé.

### APPAREIL.

Le système de construction fut le même que celui qui avait été employé par les Romains. Le petit appareil, formé de pierres carrées de 8 à 12 centimètres de côté, liées par une couche épaisse de ciment, fut le plus fréquemment employé. L'appareil moyen, de 20 sur 14 centimètres environ, et l'appareil formé de pierres plus larges que hautes, furent rarement mis en usage ; et le grand appareil , plus rarement encore , au moins dans la France occidentale.

La brique fut fort en honneur dans les premiers temps du moyen-âge, comme aux temps de la civilisation romaine. On en construisait des murs entiers. On en formait aussi des cordons, dont la couleur, se détachant sur le fond des murs, simulait des moulures ou corniches en relief, et en tenait lieu. Au moyen des ressources que fournissait cette opposition de couleurs, on arrivait à décorer extérieurement les édifices, par des dessins symétriques qui n'étaient point sans agrément. On a un exemple de cette disposition, dans la façade du petit édifice qui fait suite à la façade de l'église S<sup>t</sup>.-Jean de Lyon.

Les églises, généralement de petite dimension, furent souvent construites en bois, ce qui explique leur rareté actuelle et la fréquence des incendies rapportées par les chroniqueurs.

### COLONNES et PILASTRES.

Dans les villes qui n'étaient pas riches en monuments antiques romains, on employa rarement les colonnes aux arcades des nefs ; on leur substitua généralement des piliers carrés surmontés de corniches , mais non encore revêtus de ces demi-colonnes engagées, dont l'usage fut adopté plus tard.

### ENTABLEMENTS.

L'entablement fut généralement supprimé, et

les arceaux des voûtes reposèrent sans intermédiaire sur les chapiteaux des colonnes. Souvent, on ne supprima, de l'entablement, que l'architrave et la frise ; la corniche, qui fut quelquefois maintenue, s'appuya parfois sur des consoles, corbeaux ou modillons. Ces modillons privés d'ornements, figuraient l'extrémité d'un chevron taillé en biseau, ou offraient beaucoup d'analogie avec ceux des derniers temps de l'époque romaine.

## FENÊTRES.

Les fenêtres, à plein cintre, avaient de 60 à 140 centimètres d'élévation, sur 50 à 70 centimètres de largeur. Elles étaient dépourvues de colonnes, et l'arceau de la voûte reposait sur les pieds-droits du mur. Le cintre, très-simple, ne recevait d'autre ornement que de la symétrie des pierres employées, et des briques qui leur étaient entremêlées. Quelquefois, l'archivolte était formée par un ou deux rangs de briques, disposés en demi-cercle. Des cordons en relief en pierres remplaçaient quelquefois l'usage de la brique.

## PORTES.

L'archivolte des portes reposait sur des pieds-droits ou des pilastres, et presque jamais sur des colonnes. Le plus souvent, une porte carrée s'ouvrait au milieu de l'arcade principale. Mais le linteau de cette porte était surmonté d'une voussure, qui supportait le poids du mur, et le faisait reposer sur les pieds-droits, de manière à ménager le linteau. Le tympan, entre le linteau et la voussure, était garni en petit appareil, ou orné d'une croix ou autre bas-relief.

### ARCADES.

Les arcades qui séparaient la nef centrale d'avec les deux nefs latérales, étaient privées d'ornement, sauf qu'on entremêlait quelquefois symétriquement la pierre avec la brique. La grande arcade centrale, qui, de la grande nef, donnait accès dans le chœur entre les trans-septs, et qu'on nommait *arc triomphal*, avait quelquefois pour ornement des moulures et des incrustations.

### VOUTES.

Les premières églises romanes ne furent pas voûtées. La charpente de la toiture servait de plancher, selon l'usage pratiqué pour les basiliques romaines. Les plafonds, lorsqu'on en plaçait, étaient généralement en bois. Les artistes avaient de la peine à établir de grandes voûtes en pierre, et leur habileté en ce genre ne se montra qu'au XII.^e et au XIII.^e siècles. On ne voûta guères d'abord que le chœur et les nefs latérales. On employait à cet usage des pierres d'un petit volume, noyées dans du mortier.

### TOURS.

On pense que l'usage général des cloches com-

mença au V.<sup>e</sup> siècle. D'un petit volume d'abord,
leur grosseur n'exigea l'érection des tours pour
les recevoir, que vers le VIII.<sup>e</sup> ou le IX.<sup>e</sup> siècle.
On plaça dans le principe les tours près de l'en-
trée principale, ou aux extrémités des trans-
septs ; ou bien, on les isola complettement. Ces
tours, ordinairement carrées, furent surmontées
d'une toiture à quatre pans, en forme de pyramide obtuse, et éclairées par des fenêtres semi-
circulaires.

### ORNEMENTS et DÉCORATION.

On reproduisit en général les ornements et les
moulures figurées dans les mosaïques et édifices
de l'ère gallo-romaine. A l'intérieur et à l'extérieur des monuments, on prodigua les incrustations en pierres de couleur, briques et terres
cuites ; on simula des niches et fenêtres surmontées d'un fronton triangulaire. On employa à
l'extérieur des bâtiments beaucoup d'arcatures,
ou pilastres avec ou sans chapiteaux, couronnés
d'une série d'arceaux simulés sur le nu des
murs, qui quelquefois furent entièrement cons-
truits en briques.

L'intérieur des églises au contraire était orné
de mosaïques, de marbres et de peintures. Les
mosaïques étaient formées avec de petits cubes
en émail et verres de couleur. L'ère Mérovin-
gienne en France en vit paraître un grand nombre ; mais elles ont toutes disparu, et on n'en
retrouve plus qu'en Italie. Dans les peintures

de cette époque reculée, la représentation de plusieurs animaux fut employée symboliquement. Le bœuf, l'ange, l'aigle et le lion symbolisèrent les quatre évangélistes ; les poissons représentèrent les chrétiens. Des tentures et des rideaux en riches étoffes, des boiseries revêtues de lames de métal, quelquefois précieux, ornaient encore l'intérieur des temples.

### MOYENS D'EXÉCUTION.

Les évêques et les abbés étaient les architectes de leurs églises. L'école d'architecture était aux mains du clergé et des moines avant le X.<sup>e</sup> siècle. Il y eut aussi des ouvriers étrangers au clergé, mais travaillant sous sa direction. L'Angleterre eut plusieurs fois recours à ces ouvriers laïques de la France, qui elle-même en tirait quelquefois d'Italie.

Les invasions normandes et les malheurs qui en furent la suite, paralysèrent les progrès de l'architecture : et le génie des architectes parut stationner à la fin du IX.<sup>e</sup> et pendant tout le X.<sup>e</sup> siècle. D'un autre côté, la croyance généralement répandue que l'an mille devait être le signal de la fin du monde, jeta au milieu des peuples un découragement général, et apporta un obstacle sérieux à l'édification de nouvelles églises, et même à la restauration des anciennes. Toutes les pensées et les ambitions d'avenir sommeillèrent ; et la torpeur générale qui s'empara du corps social, devint fatale à tous les genres de progrès.

# JALONS

## Du onzième siècle.

---

# Style roman secondaire.

## *XI.ᵉ siècle.*

L'an mille avait fourni sa carrière, et le monde était resté debout. Aux terreurs populaires avait succédé une confiance que venait de justifier l'évènement ; et, comme on devait s'y attendre, une réaction s'était opérée, puissante et favorable au progrès des lettres et de l'art architectura. Une activité prodigieuse fut partout développée ; et de belles églises, d'un caractère tout nouveau, s'élevèrent en grand nombre en France, en Allemagne, en Italie. Ce fut pour l'architecture religieuse une véritable renaissance, qui trancha sur le passé plus heureusement que ne le fit plus tard la grande renaissance du XVI.ᵉ siècle. Cette révolution à peu près simultanée fut due principalement à l'action compacte et puissante des corps religieux, en qui se résumait à peu près toute la science architectonique de l'époque. Nulle part ce goût des constructions religieuses ne fut plus manifeste que dans la province de Normandie ; et les conquérants qui en sortirent portèrent ce goût en Angleterre, où on s'émerveilla des produits de ce que les chroniqueurs anglais se plurent à appeler *novum ædificandi genus.*

Il y eut, au XI.ᵉ siècle, une fusion de l'art primitif roman perfectionné et de l'art grec de la décadence, ou bysantin ; et le produit de cet amalgame des arts latin et grec fut ce qu'on appela *le nouveau style*, ou *style bysantin*. C'est l'application de ce nouveau style qui donna un si grand degré d'intérêt aux constructions des deux siècles qui précédèrent le triomphe de l'art ogival au XIII.ᵉ siècle. L'art bysantin avait paru en occident avant Charlemagne, mais n'y avait point acquis le droit de cité, qu'il n'obtint définitivement qu'aux XI.ᵉ et XII.ᵉ siècles.

Quoi qu'il en soit, voici sommairement quel fut en France au XI.ᵉ siècle, l'état de l'art monumental religieux, roman, greco-roman, ou romano-bysantin.

### PLAN.

La forme des églises resta à peu près la même qu'aux époques de l'art roman primordial, c'est-à-dire que le plan de l'église eut la forme d'une croix latine, dont les trans-septs formaient les bras. Le chœur, tourné à l'est, c'est-à-dire l'abside, formait la tête de la croix. La grande nef beaucoup plus allongée en formait le pied ; et la principale porte d'entrée regardait l'occident. Quelquefois, les trans-septs, très-courts, laissaient à l'édifice l'apparence primitive de la basilique romaine. D'autres fois, leur excessif développement aurait donné à tout l'ensemble l'apparence de la croix grecque, si la grande nef eut eu moins d'étendue. L'adoption de la forme pure de la croix grecque des bysantins fut très-rare en

France. Il en fut de même des églises circulaires, dont le modèle était fourni par l'église du *Saint-Sépulcre* à Jérusalem.

Dans les églises en forme de croix latine, qui était de beaucoup la plus ordinaire, outre l'abside placée derrière le chœur à l'orient de la grande nef, on voyait quelquefois d'autres absides à l'extrémité des bras des trans-septs, ou dans leurs murs de l'est. Quelquefois, notamment sur les bords du Rhin, on en voyait encore une dans la façade occidentale. Dans les grandes églises, où se montrent une abside à l'orient et une à l'occident, on trouve quelquefois deux trans-septs rapprochés de chacune des deux absides. Une telle disposition a nécessité dans ces églises une saillie demi-circulaire à la place du portail occidental qui est l'entrée principale des autres églises, et a produit quelques autres modifications assez importantes.

Les nefs latérales se prolongèrent souvent au-delà des trans-septs, faisant tantôt le tour du chœur, tantôt s'arrêtant à la naissance de la courbe absidale. Ce prolongement se nomma *deambulatoria*.

Autour de ces prolongements des nefs qui enveloppent le chœur, se placent des chapelles dont le rayonnement produit un grand effet. Mais on n'en voit point encore dans la partie des bas-cotés qui est parallèle à la nef centrale. En multipliant les chapelles autour du chœur, on fut obligé de l'agrandir aux dépens de la nef, en repoussant les trans-septs vers l'occident.

### CRYPTES.

Les cryptes , placées ordinairement sous le chœur , s'étendirent quelquefois jusques sous les trans-septs. Il y a peu d'exemples de cryptes établies après l'abandon du style à plein cintre , à la fin du XII.ᵉ siècle.

### APPAREIL.

Le petit et le moyen appareil furent employés comme dans l'ère précédente. Dans les églises de campagne on construisit souvent en simple blocage. Souvent aussi , dans le revêtement extérieur , on disposa les pierres de manière à former des dessins. On eut ainsi la maçonnerie en *feuille de fougère* ou *arête de poisson ( opus spicatum )* : l'appareil *réticulé* , semblable à celui que les Romains ont employé à Lyon pour le revêtement de leurs aqueducs ; et divers autres appareils de dessins variés. Souvent les pierres étaient séparées par une couche épaisse de ciment rouge.

### CONTRE-FORTS.

Les contre-forts , avant le XI.ᵉ siècle ou la fin du X.ᵉ , n'étaient que de simples pilastres d'ornement. Dans le XI.ᵉ siècle , ils servirent véritablement à consolider les édifices ; mais on ne leur donna qu'une saillie de quelques centimètres sur le nu des murs. Ils eurent généralement la forme de piliers engagés , avec leur couronnement en pente. La forme des colonnes fut quelquefois substituée aux piliers rectangulaires. D'autres fois, les contre-forts affectèrent par en bas la forme d'un pilastre et par en haut celle d'une colonne. Enfin, au midi et à l'est de la France, les contre-forts ne consistent généralement qu'en des ressauts sur la muraille, qui ajoutent peu à la solidité de l'édifice.

### ORNEMENTS.

Au nord de la Loire et en Angleterre, on affectionna particulièrement au XI.<sup>e</sup> comme au XII.<sup>e</sup> siècle, un genre d'ornements tirés en général des figures géométriques. On prodigua les *étoiles*, les *frettes*, les *zigs-zags*, les *losanges*, les *billettes*, les *nébules*, les *moulures prismatiques* ou *hachées*, les *têtes de clou*, les *torsades*, les *damiers*, les *têtes plates* ou *saillantes*. La plupart de ces figures sont tracées avec de simples tores ; et nous devons dire que la découverte des mosaïques de Lyon, de Vienne et de quelques autres villes, est venue établir l'origine romaine de toutes ces figures, et même des *quatre feuilles*, ornement si fréquemment employé dans tout le moyen-âge.

Au midi de la Loire, on préféra les rinceaux, les feuillages, les broderies et enlacements gracieux, et les figures d'animaux. L'influence de la civilisation romaine était surtout là. Lorsque, dans les provinces du centre ou de l'est, on employa des losanges ou des zigs-zags, on dessina ces figures, non avec des tores comme au nord de la Loire, mais avec des galons qui en adoucirent l'effet.

Quelquefois, des moulures nattées, imbriquées, losangées, entrelacées, ornèrent les murs des églises.

### MARQUETERIE.

On employa fréquemment, surtout en Auvergne, des pièces de marqueterie et des incrustations, en pierres de différentes couleurs. On eut aussi des figures en creux, formées avec du ciment coloré, et les pierres de l'appareil symétriquement taillées comme élément de décoration.

### ARCATURES.

Pour déguiser la nudité des murs, on leur appliqua des arcatures, c'est-à-dire des arcades simulées, formées soit avec des colonnes engagées dans les murs, soit avec de simples pilastres. Quelquefois ces arcatures sont en avant, et entièrement détachées des murs qu'elles sont destinées à orner.

### MODILLONS.

Les modillons ou corbeaux supportant les corniches, présentent souvent des figures bizarres, hideuses ou grotesques, des têtes d'animaux, des volutes, des signes du zodiaque. Ces modillons ont quelquefois la forme simple d'une console, comme aux époques précédentes. Parfois, ils sont séparés par des rosaces ou autres ornements.

Les modillons supportant des entablements

droits paraissent les plus anciens. Viennent ensuite ceux qui supportent des arcades demi-circulaires ; et enfin , ceux sur lesquels reposent des arcs *trilobés* , *combinés* ou *entrelacés*. Ceux qui sont disposés en *dents de scie* , plus modernes , appartiennent encore à la première moitié du XIII.<sup>e</sup> siècle. Des modillons appartenant à d'anciens monuments ont souvent été utilisés dans des reconstructions modernes. La différence de style sert à les faire reconnaître.

## CORNICHES.

La corniche que supportent ces corbeaux de formes diverses , est tantôt simple , tantôt ornée de dessins divers.

## PILASTRES.

Les pilastres , généralement unis et sans ornements , ont reçu des cannelures longitudinales, dans plusieurs provinces , telles que la Bourgogne, le Bourbonnais, le diocèse de Langres , les bords du Rhône. On reconnaît , dans cette ornementation , l'influence des monuments romains à pilastres cannelés , qu'on voit encore à Autun et à Langres.

## FUTS.

Les fûts des colonnes sont habituellement parfaitement cylindriques , et rarement renflés ou coniques. Quelquefois, ils sont fort courts. Dans le XI.<sup>e</sup> siècle , l'usage s'établit de former des faisceaux de demi-colonnes assez minces. Cette innovation fut sans doute un acheminement à l'emploi des colonnettes effilées , qui fut un des caractères principaux du style ogival. Dès lors, comme le fait observer fort judicieusement *M. de Caumont* , la colonne n'était plus le support , mais l'ornement et l'accessoire du support , qui était la masse centrale autour de laquelle ces demi-colonnes se trouvaient groupées. Ainsi , les proportions pouvaient en être changées sans inconvénient. Alors apparurent ces fûts cylindriques qui s'élancèrent jusqu'à la voûte, pour en recevoir et supporter les retombées.

### BASES.

Les bases des colonnes au XI.ᵉ , comme au XII.ᵉ siècle , sont ou la base attique , ou la base formée d'un chanfrein ou tore applati qui rappelle la base toscane. La base à chanfrein paraîtrait être la plus ancienne des deux.

### PIÉDESTAUX.

Les colonnes reposent généralement sur un socle très-bas , sans autre piédestal.

### CHAPITEAUX.

Les chapiteaux furent très variés , au XI.ᵉ comme au XII.ᵉ siècle. La forme la plus commune fut celle qui admettait seulement deux larges feuilles repliées en volute , séparées sous le tailloir par une console. On voit des chapiteaux cannelés ou godronnés , à la fin du XI.<sup>e</sup> siècle ; et au suivant , les cannelures se garnirent de galons perlés. Un grand nombre de chapiteaux affectèrent la forme cubique , arrondie par en bas , par la suppresion des vives arêtes inférieures. Quelques chapiteaux du XI.<sup>e</sup> siècle reproduisirent très grossièrement la figure humaine.

### FENÊTRES.

L'archivolte à plein cintre des fenêtres est tantôt ornée , tantôt dépourvue de moulures , et repose sur des colonnes ou de simples pieds-droits. Les fenêtres sont d'une grandeur moyenne. Celles des étages supérieurs , souvent isolées , sont quelquefois réunies deux à deux , ou même trois à trois , celle du milieu plus élevée que les deux autres étant seule ouverte à la lumière du jour.

### ROSES.

Les ouvertures en *œil de bœuf (oculus)* , déjà employées précédemment , sont encore très rares au XI.<sup>e</sup> siècle. L'agrandissement de leur diamètre et une ornementation plus distinguée sont un acheminement aux belles roses de la fin du XII.<sup>e</sup> siècle et des siècles suivants.

### PORTES.

Au commencement du XI.<sup>e</sup> siècle , les archivoltes des portes étaient fort simples, et n'avaient

que peu ou point de moulures. Elles reposaient
sur des pilastres, quelquefois remplacés de chaque côté par une ou deux colonnes. Vers la fin
du même siècle, on multiplia les archivoltes
qu'on chargea de moulures. On augmenta l'épaisseur des parois des portes et le nombre des voussures et des colonnes destinées à les supporter.
Quelquefois, et surtout vers le XII.ᵉ siècle, les
archivoltes sont privées de colonnes et de pilastres, les moulures descendant des deux côtés
jusqu'au sol. Les portes latérales furent au XI.ᵉ
siècle, placées dans les murs de la nef et du
chœur, disposition qui fut changée au XIII.ᵉ
siècle.

### PORCHES et VESTIBULES.

La principale entrée des églises était quelquefois précédée de porches simples et de vestibules
plus ou moins vastes et ornés, qui régnaient
souvent sur toute la largeur de la façade. Des
lions symboliques en marbre ou en pierre figurent parfois sous ces espéces de péristyles.

### ARCADES.

Les arcades, qui séparent la nef principale
d'avec les nefs latérales, reposèrent sur des pilastres, ou sur de grosses colonnes cylindriques
ou des piliers flanqués de colonnes engagées. Ces
arcades reçurent des ornements vers le milieu du
XI.ᵉ siècle. L'arc triomphal qui sépare la nef du
chœur reçut un plus grand luxe d'ornementation.

On trouve, aux **XI.**e et **XII.**e siècles des cintres ou arcs en *anse de panier*, et d'autres *en fer à cheval*. On remarquera que rarement la hauteur, la largeur, et même la courbure des arcades d'une même église sont parfaitement identiques.

### TRAVÉES.

Chaque travée comprend l'arcade du rez-de-chaussée qui mettait en communication la nef centrale avec les nefs latérales ; un *clerestory*, ou étage supérieur, où se trouvaient les fenêtres, et par où arrivait la lumière ; et, dans beaucoup d'églises, une galerie intermédiaire qu'on nommait *triforium*.

### VOUTES.

Les architectes des **XI.**e et **XII.**e siècles ne connaissaient guères l'art de jeter des voûtes un peu étendues. Beaucoup d'églises de ces deux siècles n'ont reçu des voûtes que postérieurement, ou même n'en ont point encore. Cette difficulté fut pourtant surmontée par l'emploi de *voûtes d'arête* qui dirigeaient la pression sur les piliers ou les colonnes. Plus tard, et surtout au XII e siécle, ces voûtes furent fortifiées par des arceaux en pierre de taille, croisés diagonalement, et le plus souvent taillés en forme de tores. Les points d'intersection de ces arceaux furent, quoique assez rarement, ornés de fleurons, formant *clé de voûte*. On fit aussi des

arceaux traversant parallèlement les voûtes. Les
nefs latérales eurent leurs voûtes disposées de
manière à servir d'arcs-boutants à celle de la
nef principale. Au centre des trans-septs, qui
supportait ordinairement une tour, la voûte pre-
nait une forme ovoïde, qui rappelait la coupole
orientale.

## TOURS.

Les tours, assez basses dans le principe, tendirent à s'élever. Elles étaient ordinairement
carrées. Souvent elles furent couronnées de pyramides à quatre faces en charpente ou en pierre,
quelquefois élancées, le plus habituellement obtuses. Les tours romanes quadrangulaires n'étaient
jamais, comme cela arriva plus tard, recouvertes
de pyramides octogones ; et lorsqu'il s'en rencontre ainsi, on peut croire que ces pyramides
ont été élevées postérieurement sur des tours
quadrangulaires plus anciennes. Quelques tours,
en petit nombre, étaient recouvertes d'une simple toiture *en bâtière* ou à deux pentes. D'autres
se terminaient par une plate-forme, et pouvaient
servir à la défense. Un grand nombre, sans doute
originairement couvertes en bois, n'ont été terminées que pendant l'ère ogivale.

## CLOCHETONS.

Les clochetons furent excessivement rares dans
la période romane, et ne paraissent pas avoir été
employés avant le XI.ᵉ siècle.

## PEINTURE POLYCHROME.

L'application de la peinture aux monuments du XI.e siècle, ne fut pas négligée ; mais il en reste peu de traces aujourd'hui.

# JALONS

## du douzième siècle.

# Style roman tertiaire ou de transition.

## *XII.ᵉ Siécle.*

Le XI.ᵉ siècle avait donné le signal d'une amélioration marquée du style roman primitif, et de l'introduction dans l'occident des formes consacrées par l'architecture bysantine : le XII.ᵉ siècle, à son tour, fut une époque de travail, de perfectionnement et d'invention dans les arts. Les pélerinages à Jérusalem, et surtout les croisades, semèrent dans l'occident le goût des arts et de l'ornementation orientale ; et le style bysantin s'implanta définitivement chez nous. Beaucoup d'édifices commencés et presque achevés au XI.ᵉ siècle, furent complétés au XII.ᵉ par l'application de moulures et d'ornements caractéristiques de ce dernier siècle ; les matériaux n'étant souvent mis en place que pour être sculptés beaucoup plus tard.

### PLAN.

Au XII.ᵉ siècle, on vit de plus nombreux exemples de l'allongement du chœur au-delà des trans-septs, ce qui le ramena plus au centre, en s'écartant de la forme primitive des basiliques. On plaça aussi des chapelles aux bas-côtés du chœur, mais non à ceux de la nef. Ces bas-côtés se prolongèrent au-delà des trans-septs, tantôt faisant le tour entier du chœur, tantôt s'arrêtant à la courbure de l'abside.

### SCULPTURE ET STATUAIRE.

Les sculptures romanes les mieux traitées appartiennent à la fin du XI.$^e$ et au XII.$^e$ siècle. Les fleurs et autres ornements sculptés furent mieux fouillés, plus élégamment dessinés qu'aux époques précédentes de l'ère romane. Au XII.$^e$ siècle, les bas-reliefs représentant la figure humaine perdirent la physionomie barbare qu'ils avaient eue jusqu'à la fin du XI.$^e$ siècle. Les archivoltes, les voussures des portes, les tympans se couvrirent de personnages en demi ou bas-reliefs, généralement traités d'après un type consacré et uniforme. Les grandes figures de haut-relief, c'est-à-dire les statues proprement dites, apparurent alors pour la première fois aux façades et aux faces latérales des portes.

Certaines figures et sujets furent des thêmes consacrés que les artistes reproduisirent avec une remarquable identité d'exécution. Nous ajouterons que tout le monde a pu faire la même remarque, en considérant les compositions religieuses de l'art Egyptien.

Un des sujets qui se reproduisent le plus souvent au XII.$^e$ siecle, c'est la représentation de Dieu, assis dans un encadrement elliptique, nommé *vesica piscis*, le pied posé sur un escabeau à claire voie, un livre dans la main gauche, et la main droite levée comme pour donner la bénédiction. Autour, sont les symboles des quatre évangélistes, le lion, l'ange, l'aigle et le bœuf (*Vitulus*). Auprès de l'escabeau se trouvent quelquefois des lignes ondulées, qui paraissent figurer les eaux, signification graphique déjà introduite dans les légendes hiéroglyphiques égyptiennes. Cette figure du Christ, tirée de l'apocalypse, se voyait principalement dans les tympans des portes, et quelquefois dans les frontons des églises. Employée fréquemment au XII.<sup>e</sup> siècle, elle cessa presqu'entièrement de l'être, après la première moitié du XIII.<sup>e</sup>

D'autres fois le Christ était représenté dans la même attitude, mais entouré de deux anges à genoux, ou portant des encensoirs. Au lieu de tenir un livre de la main gauche, ses deux mains étaient quelquefois étendues.

Les douze apôtres étaient parfois représentés en ligne sur le linteau des portes. Les vieillards de l'apocalypse figurent aussi sur les archivoltes qui entourent les tympans, couronnés et portant des instruments de musique et des vases de parfums. Les vierges sages et les vierges folles de l'évangile de saint Mathieu s'y trouvent quelquefois aussi. La représentation du jugement dernier fut souvent inscrite au milieu des tympans, pour ranimer par la crainte la foi des pécheurs. Le Christ bénissant se voit aussi au sommet de quelques façades d'églises romanes du XII.<sup>e</sup> siècle. Dans ces représentations, la tête du Christ est entourée d'un nimbe croisé, le nimbe des saints ne l'étant jamais. Une main sortant des nuages, entourée de même d'un nimbe croisé, figure Dieu le père. Le Christ en croix apparaît rarement avant le XIII.ᵉ siècle, et il est douteux qu'on l'ait vu avant le IX.ᵉ. D'autres sujets religieux, tirés de l'évangile ou de la bible, sont souvent reproduits en bas-relief au XII.ᵉ siècle. On voit aussi, sculptés dans les voussures, les signes du zodiaque et la représentation des travaux agricoles des différents mois de l'année ; nouvelle analogie avec les traditions de l'art monumental égyptien, que nous avons quelque plaisir à mettre en évidence.

Les statues, revêtues de longues tuniques recouvertes d'un manteau ouvert par devant, ont de longs bustes, et se font remarquer par leur raideur et l'absence de tout mouvement. Leur physionomie bysantine les distingue d'une manière tranchée des figures de la fin du XIII.ᵉ et de celles du XIV.ᵉ siècle. Ces statues, quelquefois peintes, ont un type uniforme dans les traits du visage, la tournure et le costume des divers personnages. Ainsi, Dieu le père, le Christ, la Vierge, les anges, les patriarches, les apôtres, les saints, conservent tous, dans les traits, la forme ou le costume, la spécialité qui leur appartient. La tête de ces statues est parfois surmontée d'une espèce de dais formé d'une série de petits édifices.

L'antagonisme du bien et du mal est souvent

représenté par les vertus , sous la figure de femmes armées terrassant les vices figurés par des hommes dans l'attitude de vaincus. Cette lutte se reproduit encore sous diverses autres formes ; et en général l'expression d'idées symboliques se produit au XII.<sup>e</sup> siècle , sous des formes très-variées. Mais , dans leur explication , on ne se défie pas assez généralement de l'élasticité des interprétations ; ce qui doit paraître vrai , surtout à ceux qui ne voient, dans certains sujets bizarres ou grotesques , que le produit accidentel du caprice dévergondé des artistes.

### ORNEMENTS.

Le choix des ornements du XII.<sup>e</sup> siècle fut à peu près le même que celui du siècle précédent ; mais l'exécution se perfectionna.

### PILASTRES.

Les pilastres différèrent assez peu de ceux du XI.<sup>e</sup> siècle.

### PIÉDESTAUX.

Les piédestaux des colonnes, au lieu de reposer sur un socle simple et peu élevé , comme au XI.<sup>e</sup> siècle , reposèrent au XII.<sup>e</sup> sur plusieurs socles superposés , disposés parfois en retrait les uns par rapport aux autres.

### BASES.

Les bases attiques des colonnes , déjà employées au XI.<sup>e</sup>, devinrent très-communes au XII.<sup>e</sup> siècle. La base formée d'un simple chanfrein, ou tore applati, fut plus particulière au XI.<sup>e</sup> siècle. Dans le XII.<sup>e</sup>, beaucoup de bases se distinguèrent par une innovation consistant dans un épanouissement du tore inférieur, qui tendit à s'élargir par en bas, en s'écartant de la forme attique, et aussi dans une ornementation figurant des pierreries et des perles. Beaucoup de bases furent ornées de feuillages ou de griffes, qui venaient en se contournant reposer sur le piédestal. Ce dernier genre d'ornementation subsista encore quelquefois au XIII.<sup>e</sup> siècle. On en voit des exemples à l'église de S<sup>t</sup>.-Jean de Lyon.

## FUTS.

Au XII.<sup>e</sup> siècle, les fûts des colonnes prirent plus d'élégance ; les artistes s'attachèrent à les décorer. Ils les couvrirent quelquefois de zigszags, de losanges, de galons, d'imbrications, d'alvéoles, de rinceaux ou de guirlandes de perles, de fleurs ou de feuilles disposées en spirale ou en lignes verticales. Les fûts furent aussi divisés dans leur hauteur par des anneaux sculptés en relief.

## CHAPITEAUX.

A la même époque, les chapiteaux furent très-variés, et la forme en fut plus gracieuse et plus savante qu'au siècle précédent. La corbeille rappela la forme du chapiteau corinthien ou composite, et se distingua par l'emploi de l'ornementation végétale, de feuilles contournées ornées de perles, de galons, avec enroulements et enlacements gracieux. L'emploi des larges feuilles d'eau, dans les chapiteaux, caractérise la seconde moitié du XII.<sup>e</sup> siècle. Les chapiteaux exprimant la figure humaine et des scènes de l'histoire sainte, furent mieux traités qu'au XI.<sup>e</sup> siècle. Les tailloirs furent chargés d'ornements, et furent quelquefois dessinés en forme de doucine.

## FENÊTRES.

Les fenêtres au XII.<sup>e</sup> siècle ne différaient pas beaucoup de celles du XI.<sup>e</sup>; elles se firent pourtant remarquer par une plus grande élégance dans leurs moulures. Dans la seconde moitié du XII.<sup>e</sup> siècle, les archivoltes des fenêtres placées au-dessus de la principale entrée, dans la façade, reçurent quelquefois des dimensions considérables, et furent souvent chargées de figures en relief.

## ROSES.

L'œil de bœuf des siècles précédents s'était un peu agrandi et orné au XI.<sup>e</sup> siècle. Dans la dernière moitié du XII.<sup>e</sup>, on le divisa par des meneaux ou rayons, qui du centre tendaient à la circonférence. Ces ouvertures ou roses furent alors placées au-dessus du portail d'entrée, aux extrémités des trans-septs , et parfois au centre de l'abside. On voyait quelquefois , quoique rarement , deux fenêtres accouplées , surmontées d'une ouverture circulaire.

### PORTES.

Les portes ne différaient pas essentiellement de ce qu'elles étaient vers la fin du XI.<sup>e</sup> siècle. C'est surtout au XII.<sup>e</sup> que les archivoltes , devenues plus communes , furent chargées de moulures qui souvent , après en avoir embrassé le contour, descendaient jusqu'à terre. Les parcis latérales des portes durent gagner en épaisseur , à mesure que le nombre des colonnes et des voussures fut augmenté. On trouve souvent dans les restaurations modernes des portes anciennes qu'il est facile de distinguer au milieu des constructions qui les entourent. Les portes latérales, au XII.<sup>e</sup> comme au XI.<sup>e</sup> siècle, étaient ouvertes sur la nef et le chœur ; mais au XIII.<sup>e</sup> siècle , elles furent presque toujours placées à l'extrémité des trans-septs.

### PORCHES et VESTIBULES.

On voyait des porches et vestibules au-devant des églises du XII.<sup>e</sup> siècle, dans le genre de ceux dont l'usage s'était établi au XI.<sup>e</sup> siècle.

### ARCADES.

Les arcades étaient ornées de moulures , avec plus de soin encore qu'au XI.<sup>e</sup> siècle. On remarque la même irrégularité dans la hauteur, la largeur et la forme des arcades d'une même église, que dans le siècle précédent.

## TRAVÉES.

L'ordonnance des travées continue à subsister au XII.<sup>e</sup> siècle, comme nous l'avons vu pour le XI.<sup>e</sup>.

## VOUTES.

Les voûtes furent revêtues d'arceaux en pierres de taille disposés diagonalement, et arrondis en forme de tores. Nous renvoyons du reste à ce que nous avons dit à propos des voûtes du XI.<sup>e</sup> siècle.

## TOURS.

Les tours, basses d'abord, furent exhaussées au XII.<sup>e</sup> siècle, et leurs murs furent flanqués d'arcades simulées et de fenêtres ouvertes. Elles étaient ordinairement carrées, et différaient peu en général des tours de la fin du XI.<sup>e</sup> siècle. On vit pourtant, dans le XII.<sup>e</sup>, des tours octogones surmontées de pyramides de même forme, ou même coniques. La destination primitive des tours avait été de recevoir les cloches ; mais au XII.<sup>e</sup> siècle on employa ces tours pour la décoration, et on en vit élever dans un seul édifice jusqu'à trois et même plus. Ce fut alors que l'usage s'établit de flanquer de deux tours le portail principal. Une troisième, moins haute, se plaça au-dessus de l'intersection de la nef et des trans-septs , et resta souvent ouverte jusqu'au toit , en forme de dôme ou de *lanterne*.

## CLOCHETONS.

Les clochetons , inconnus avant le XI.<sup>e</sup> siècle , fort rares à cette époque , le devinrent un peu moins à la fin du XII.<sup>e</sup> siècle. On doit les envisager comme un des éléments particulièrement propres au régime ogival.

## PEINTURE.

La peinture polychrôme appliquée à la sculpture , et la peinture à fresque , furent en honneur au XI.<sup>e</sup> et XII.<sup>e</sup> siècles. Des statues furent peintes. Beaucoup de colonnes furent coloriées en rouge , des chapiteaux en vert , et des voûtes en bleu de ciel. Des tableaux entiers furent peints sur les murs. On en retrouve encore, que le badigeon , cher aux marguilliers , ou le grattage , n'ont pas entièrement effacés ; et sans doute une intelligente sollicitude pour les intérêts de l'art en fera encore découvrir sous les couches épaisses de plâtre et de chaux dont on a successivement recouvert ces vénérables palimpsestes des temps anciens.

## GÉOGRAPHIE DES STYLES.

Dans les XI.<sup>e</sup> et XII.<sup>e</sup> siècles , l'influence des lieux et la diversité des matériaux mis en œuvre , ont puissamment contribué à introduire des modifications de province à province , non dans les types généraux , mais dans les détails d'exécution. Des écoles diverses se formèrent aussi , fondées sur le génie individuel des corporations religieuses et des architectes laïques , nationaux ou étrangers ; et elles contribuèrent beaucoup à rompre l'uniformité monumentale dans les diverses provinces.

Ainsi , à ces époques romanes ,

La *Normandie* eut ses chapiteaux barbares du XI.ᶜ siècle ; ses ornements géométriques analogues à ceux de l'Angleterre ; ses belles tours carrées surmontées de hautes pyramides.

*L'Aquitaine du nord* , les *pays d'Outre-Loire* , et nommément le *Poitou* , eurent leurs enroulements et leurs rinceaux pour remplacer les zigs-zags et autres figures géométriques , anglo-normandes ; leurs représentations plus multipliées de la figure humaine en bas-relief ; la supériorité de leurs façades ; leurs tours principales , octogones , au centre des édifices , et non aux côtés du portail ; leurs voûtes à coupoles ; la plus grande perfection de leurs profils.

Le *Languedoc* eut ses pilastres en guise de contre-forts ; ses modillons applatis ; ses marbres de diverses couleurs ; une certaine ordonnance de quelques façades , rattachant son style à celui de l'Italie.

*L'Auvergne* , ses incrustations extérieures en laves de couleur , ses chœurs séparés des bas-côtés par des arcades reposant sur des colonnes

monocylindriques ; ses *triforiums* à arcades mul-
tilobées ; ses fûts à base attique ; ses portails et
les archivoltes , simples et unis ; les bas-reliefs
employés rarement ailleurs que sur les chapiteaux ; l'absence de statues de grandes proportions ; des tours peu développées ; la sobriété de
ses moulures imitées de l'antique , et l'absence
des moulures géométriques.

La *Bourgogne* jusqu'à *Lyon* et *Vienne* , le *Bourbonnais* , le pays de *Langres*, eurent leurs pilastres
cannelés , imités des arcs de triomphe romains
d'Autun et de Langres ; les belles proportions et
la correction des détails d'architecture.

La province d'*Alsace* , son type allemand , qui
lui-même avait de l'analogie avec le type roman
de la haute Italie.

TRANSITION A L'OGIVE.

Dans la dernière moitié du XII.^e siècle, on
vit s'introduire une innovation hardie , sur l'origine de laquelle aucune révélation décisive n'a
été faite jusqu'ici à la science moderne. L'ogive
apparut en occident , et d'abord au nord et dans
l'ouest de la France. Fut-ce une plante indigène
ou exotique ? Personne ne le sait avec certitude.
Les uns font venir l'ogive de l'orient ; les autres
la font importer par les peuples de race gothique ;
sans réfléchir que les Goths avaient depuis longtemps disparu de la scène du monde , lorsque
apparurent les premiers monuments de l'art
ogival ; d'autres la montrent comme née aux

lieux mêmes où elle fleurit avec le plus de splendeur, c'est-à-dire en France et au nord de la Loire. Quelques-uns la représentent comme étant l'expression éclatante, mystérieuse et symbolique, des secrètes doctrines des corporations libres, ou de la franc-maçonnerie.

On comprendra qu'en parlant ici de l'origine de l'ogive, nous n'entendons parler que du système architectonique dans lequel cette courbe entra comme élément générateur; car l'ogive prise restrictivement en tant que simple figure géométrique, a pu être connue, ou inventée si l'on veut, en plusieurs lieux à la fois, bien plus facilement que l'imprimerie, la boussole et la poudre à canon, dont la Chine et notre Occident revendiquent à la fois l'invention.

Mais il ne saurait en être de même du système ou style ogival, dont la savante complication ne saurait admettre plusieurs origines simultanées. La filiation du style ogival reste donc encore couverte d'obscurité.

Quoiqu'il en soit, dans la seconde moitié du XII.ᵉ siècle, et même plus tôt, les voûtes et les arcades romanes commencèrent à se modifier dans le sens des constructions à tiers-point, qui prévalurent tout-à-fait au XIII.ᵉ siècle. La courbure ogivale des portes et des fenêtres fut admise dans les constructions de l'époque, concurremment avec le plein cintre romain. Mais il est facile de voir que l'ogive entra timidement dans la carrière qu'elle venait de s'ouvrir; elle différa d'abord très-peu de la courbe à plein-cintre, et c'est à peine quelquefois si un œil attentif peut les distinguer. Ce ne fut qu'au XIII.ᵉ siècle, et lorsqu'elle fut affranchie de la concurrence du plein-cintre, qu'elle revêtit sa robe virile, et acquit cette beauté de forme et cette hardiesse qui se montrèrent avec tant d'éclat dans les siècles suivants. Le XII.ᵉ siècle fut une véritable époque de transition, et l'intérêt qui s'y rapporte ne s'en montre que plus attachant.

*Fin de la première partie.*

# DEUXIÈME PARTIE.

## ÈRE OGIVALE.

# JALONS

## Du treizième siècle.

AN

1201 Suite du règne de Philippe-Auguste.

1204. Quatrième croisade. — Prise de Constantinople par les Français et les Vénitiens.

De 1204 à 1261. Empire franc de Constantinople.

1226. Mort de Louis VIII. — Avènement de saint Louis.

1248. Cinquième croisade. — Saint Louis en Egypte.

1269. Sixième croisade. — Saint Louis devant Tunis. — Sa mort en 1270.

1282. Vêpres Siciliennes.

1300. Quinzième année du règne de Philippe le Bel.

# DEUXIÈME PARTIE.

## ÈRE OGIVALE.

## Style à lancettes.

## *XIII.ᵉ Siècle.*

Après sa lutte , ou son apparente transaction , avec le style à plein cintre , qui fut si remarquable dans la dernière moitié du XII.ᵉ siècle , le style ogival eut ses allures franches au XIII.ᵉ ; et ce ne fut que dans les provinces méridionales , où les traditions romaines se montraient plus vivaces , qu'on vit encore quelque temps se produire le style ancien , définitivement abandonné au nord de la Loire.

La voûte d'abord subit l'influence des idées nouvelles ; puis , les fenêtres qui , avec l'arc en ogive à l'intérieur , conservèrent quelquefois le plein-cintre à l'extérieur ; ensuite les portails , et enfin les arcades des nefs.

L'ogive ne fut pas le seul signe caractéristique du nouveau style. Outre son caractère particulier , qui tendait à l'élévation , à la perpendicularité , on vit encore le style ogival affecter un nouveau système de moulures et d'ornements, qui remplacèrent en grande partie les moulures et les ornements qui avaient fait la gloire des deux siècles précédents.

Nous avons sommairement indiqué les débats auxquels a donné lieu la question, encore pendante, de l'origine du style ogival ; nous n'y reviendrons pas, et constaterons seulement qu'au XIII.e siècle ce système parvint à sa plus grande splendeur.

« Le XIII.e siècle, dit M. de Caumont, est
» la belle époque de l'architecture ogivale. Dès
» le XIV.e siècle, il y eut moins de rectitude
» dans les lignes, moins d'harmonie dans l'en-
» semble ; l'architecture perdit de son élévation ;
» on remarqua plus de recherche et moins de
» naïveté dans les figures.... Une pensée pré-
» domine dans les monuments du XIII.e siècle,
» savoir : l'élancement, la direction vers le
» ciel. »

On verra qu'au XVI.e siècle des pendentifs, remarquables par leur hardiesse et leur témérité, tendirent à ramener vers la terre cet élancement sublime et symbolique des voûtes.

Au commencement du XIII.e siècle, comme à la fin du XII.e, le caractère du style ogival était encore empreint d'une certaine lourdeur, ou du caractère propre au style du plein cintre qui avait régné jusqu'alors. Ce ne fut que vers le milieu du XIII.e siècle que le style ogival acquit cette légéreté et ces heureuses proportions qui lui ont fait donner par M. de Caumont et beaucoup d'autres antiquaires une préférence si marquée sur le style des siècles qui ont suivi.

### PLAN.

Au XIII.<sup>e</sup> siècle, le chœur s'allongea, plus encore qu''il ne l'avait fait pendant les deux siècles précédents. Les bas-côtés ou collatéraux du chœur firent le tour du sanctuaire, sur un ou deux rangs, et furent toujours entourés de chapelles. Quelquefois la chapelle placée au chevet de l'église reçut plus d'extension que les autres et fut dédiée à la Vierge. Mais c'est surtout au XIV.<sup>e</sup> siècle que cet usage prit faveur. On ne plaçait point encore de chapelles le long des bas-côtés de la nef, comme on le faisait pour les bas-côtés du chœur depuis le XI.<sup>e</sup> et le XII.<sup>e</sup> siècles. Mais il faut remarquer que souvent on en ajouta, dans les XIV.<sup>e</sup> et XV.<sup>e</sup> siècles, aux collatéraux des églises d'un âge antérieur.

Au XIII.<sup>e</sup> siècle, comme aux siècles précédents, on trouve, surtout dans les campagnes, des églises terminées à l'orient par un mur droit sans abside, et des églises sans nefs latérales. Quelquefois, les absides sont à pans coupés, ou bien anguleuses, caractère qui ne se reproduisit pas plus tard.

### APPAREIL.

L'appareil en petites pierres carrées ne fut plus usité, et fut remplacé par l'appareil en pierres plus grandes et irrégulières. On renonça également à la disposition en *arête de poisson* et en échiquier.

## CONTRE-FORTS. ARCS-BOUTANTS.

Pour soutenir le grand comble, et neutraliser la poussée des voûtes, on employa des arcs-boutants hardis s'appuyant d'un côté sur les contre-forts des collatéraux, et de l'autre sur le grand comble, système inconnu au XI.ᵉ siècle. Ces contre-forts s'élevèrent alors au-dessus des toits de ces collatéraux, et furent surmontés de clochetons plus ou moins ornés. Plusieurs étages d'arcs-boutants, dans les églises fort élevées, furent quelquefois superposés. Auparavant, c'est-à-dire au XI.ᵉ siècle, lorsqu'on employait des arcs-boutants le long de la grande nef, on avait soin de les cacher sous la toiture des collatéraux. Ces arcades aériennes furent disposées de manière à servir de conduites aux eaux pluviales, qui furent rejetées au loin par des gargouilles à formes fantastiques. Les uns considèrent ces arcs-boutants hardis comme ajoutant à la décoration générale de l'édifice ; les autres, comme nuisant à l'unité de l'ensemble et à la légéreté de la masse.

## ORNEMENTATION.

Ce fut une grande et heureuse révolution, que celle qui substitua au XIII.ᵉ siècle l'ornementation tirée de la flore indigène, aux feuilles grasses perlées, aux palmettes, aux galons et aux ornements géométriques qui avaient été en honneur aux XI.<sup>e</sup> et XII.<sup>e</sup> siècles. On groupa ou on employa en guirlande, aux chapiteaux, aux frises, et aux autres parties saillantes, les feuilles de chêne, de vigne, de fraisier, de nénuphar etc. On employa aussi les trèfles et les quatre feuilles, les fleurons à pétales épanouies et en relief, les rosaces plus grandes mais à moindre relief; les feuilles *entablées*, disposées en bordure sur les entablements et les tailloirs. Cet emploi des plantes indigènes fut une immense ressource pour les artistes. Toutefois, on n'abandonna pas tout-à-fait les zigs-zags, les têtes-plates ou saillantes, les étoiles, les billettes, etc. ; mais lorsqu'on les reproduisit, ce fut avec une grande finesse d'exécution, qui les distingue très-bien des mêmes ornements exécutés sous la période romane. Les dents de scie qui avaient commencé à paraître à la fin du XI.<sup>e</sup> siècle, se reproduisirent très-fréquemment au XIII.<sup>e</sup>.

### CROCHETS OU CROSSES.

On employa au XIII.<sup>e</sup> siècle, en manière d'ornement, beaucoup de crochets ou crosses, allongés et terminés en s'évasant sous la forme d'un fleuron, d'une feuille en volute, ou d'une tête d'homme ou d'animal, le long des pyramides et des frontons, entre les cannelures et les colonnes, et ailleurs. On les avait déjà vu paraître à la fin du XII.<sup>e</sup> siècle. Au XIV.<sup>e</sup>, ils furent plus rapprochés qu'ils ne l'avaient été au

XIII.<sup>e</sup> siècle , et placés principalement aux parties les plus saillantes.

### ARCATURES.

Des arcatures à ogive simulées , souvent surmontées de frises , ornées de rosaces , de fleurons , de trèfles ou de quatre feuilles , rempla-
cérent quelquefois au XII.<sup>e</sup> et au XIII.<sup>e</sup> siècles,
comme décoration sur les murs , les arcatures
simulées à plein cintre du XI.<sup>e</sup> siècle. Les arcatures au surplus offrent à peu près les mêmes
formes que les galeries dont nous parlerons plus
loin.

### PINACLES.

On commença à employer les pinacles , sortes
de petits clochetons ne servant qu'à la décoration.

### DAIS.

Les dais apparurent aussi , formant saillie sur
le mur , et servant ordinairement de couronnement aux niches pratiquées pour y placer des
statues.

### BALUSTRADES.

Au commencement du XIII.<sup>e</sup> siècle , on ajouta
aux corniches des siècles précédents des balustrades avec rampes en pierre qui les surmontè-
rent. Cet ornement devint , à l'extérieur , un
accessoire ordinaire des corniches couronnant les
chapelles et le grand comble , et quelquefois les

collatéraux. A l'intérieur, ce même ornement fut placé au-dessus de la corniche surmontant les grandes arcades. Au XIII.<sup>e</sup> siècle, ces balustrades reposèrent sur des arcs en ogive ou trilobés, ces derniers appuyés ou non sur de petites colonnes. On y vit aussi des trèfles ou des quatre-feuilles.

### FUTS DES COLONNES.

Un des caractères les plus saillants du style ogival se tire de l'emploi des colonnes fluettes et allongées, tantôt employées isolément pour la décoration des murs, tantôt réunies en faisceau autour d'un pilier central. Cette réunion en faisceau, déjà connue aux XI.<sup>e</sup> et XII.<sup>e</sup> siècles, se vit plus fréquemment dans le nord de la France. Le plus souvent, les trois quarts du fût de la colonne se détachent de la masse où il est engagé. Quelquefois le dégagement est complet. Les colonnes *annelées*, c'est-à-dire garnies à certains points de leur hauteur d'anneaux en relief, doivent être considérées comme antérieures au XIV.<sup>e</sup> siècle.

La longueur des colonnettes n'a point de règle, non plus que leur épaisseur ou diamètre. Tantôt, elles s'élancent en faisceau jusqu'aux arceaux des voûtes qu'elles reçoivent et supportent. Tantôt, elles sont superposées entr'elles, sans entablement intermédiaire, la base des colonnettes supérieures reposant sur le chapiteau des colonnettes inférieures. Quelquefois, l'ordre inférieur est formé de grosses colonnes à fûts cylindriques, du chapiteau desquels partent les faisceaux des petites colonnes supérieures.

On vit aussi au XIII.ᵉ siècle des colonnes *torses*, dont le fût était en spirale.

### CHAPITEAUX.

Les chapiteaux des colonnettes se terminent souvent dans la partie supérieure par quatre crochets en enroulement très simples. Quelquefois on y voit deux rangs ou étages de feuilles, de natures semblables ou différentes. Dans les grands chapiteaux des grosses colonnes, les bouquets de feuilles furent multipliés selon les besoins. L'abaque ou le tailloir fut d'abord carré. A la fin du XIII.ᵉ siècle, et au commencement du XIV.ᵉ, il prit la forme octogone.

### BASES.

Au XIII.ᵉ siècle, la base des colonnes fut très-caractéristique. Elle fut quelquefois garnie d'ornements en forme de griffes ou de feuillage contourné, reposant sur le piédestal, comme au XII.ᵉ siècle. Le tore inférieur devint très-développé ou évasé, comparativement au tore supérieur ; et la scotie intermédiaire fut creusée de manière à former, au pied de la colonne, un petit canal où l'eau aurait pu séjourner. Sur la fin du même siècle, et même dans le XIV.ᵉ, le tore inférieur très-épanoui fut surmonté immédiatement du tore supérieur ou d'un listel recouvert de moulures. Quelques bases reçurent un aspect prismatique ; d'autres furent octogones et chargées d'ornements, et se confondirent avec les piédestaux.

### FENÊTRES. LANCETTES.

Le caractère des fenêtres du XIII.<sup>e</sup> siècle fut d'être étroites et élancées. Elles rappelèrent vaguement, par leur élancement supérieur, la forme d'un fer de lance, ce qui leur fit donner par les Anglais le nom de *lancettes* que nous avons adopté en France. C'est cette dénomination qui sert à caractériser le style ogival de la période primitive, comme nous l'avons déjà dit. Dans les monuments de l'époque, on en voit de très-hautes, de moyennes et de courtes. Mais leur caractère est toujours l'élancement.

Dans les petits édifices, tels que ceux de la campagne, les lancettes étaient isolées. Dans les édifices plus considérables, elles étaient accouplées. Réunies deux à deux, et encadrées dans une arcade ogivale comme elles, ces lancettes reçoivent de M. de Caumont le nom de *lancettes géminées*, terme emprunté par lui, un peu abusivement, à la nomenclature botanique, mais qui nous paraît devoir être avantageusement remplacé par celui de *lancettes accouplées*, que nous emploierons désormais. Dans l'intervalle laissé en haut de la croisée, entre les deux ogives et l'ogive enveloppante, on plaçait des ornements en forme de rosaces, de trèfles ou de quatre-

feuilles. Cette disposition appartenait au XIII.<sup>e</sup>
siècle , et présentait les plus heureuses proportions. Vers le temps de saint Louis, au milieu
du XIII.<sup>e</sup> siècle ( la *sainte chapelle* date de l'an
1245 ), les fenêtres s'élargissent , et se divisent
par trois meneaux verticaux , qui s'élèvent jusqu'à la naissance de l'ogive. Au XIII.<sup>e</sup> siècle ,
on plaçait assez ordinairement dans les façades ,
et dans les murs droits des absides non circulaires , trois lancettes réunies dont celle du
milieu était plus élevée que les deux autres. On
voyait aussi quelquefois deux lancettes surmontées d'une rose. La disposition des fenêtres ogivales au XIII.<sup>e</sup> siècle , était au surplus à peu
près la même que celle des fenêtres à plein
cintre du XI.<sup>e</sup> siècle.

### ROSES.

Les roses furent placées aux lieux où nous les
avons vues au siècle précédent. Elles conservèrent souvent la forme rayonnante d'une roue ,
qu'elles avaient dans la dernière moitié du XII.<sup>e</sup>
siècle , ou offrirent des compartiments en forme
d'ogives *trilobées* , ou bien des rosaces , des trèfles , des quatre-feuilles encadrés. Elles reçurent en général alors moins de complication
qu'elles n'en acquirent dans les deux siècles
suivants.

### GALERIES.

A l'intérieur des grands édifices, on voit souvent

entre les arcades des nefs et l'étage du *clerestory*, un étage intermédiaire où se trouve une galerie qui fut toujours obscure à cette époque, et que les Anglais ont nommée *triforium*. Au devant de cette galerie, dans chaque travée, règne dans tout le pourtour de l'église une suite d'arcades montées sur de petites colonnes. Les exceptions à cette disposition sont rares. Ce *triforium* remplace les tribunes qu'on voit quelquefois au-dessus des arcades de la nef. Les arcatures du *triforium* se composent de lancettes tantôt simples, tantôt accouplées et encadrées ; et elles se compliquent en tournant au pourtour du chœur. A l'extérieur, on trouve des galeries à colonnade, comme à l'intérieur, placées à la base du fronton supérieur, et au-dessus des fenêtres et des roses ouvertes au centre de la façade. Les arcs de ces colonnades servent quelquefois à recevoir et abriter de grandes statues.

### PORTES.

Dans les églises peu ornées, au XIII.ᵉ siècle, les voussures des portes furent simplement garnies de tores, et les parois latérales offrirent des colonnes sans statues. Quelquefois, les colonnes des parois sont disposées sur deux rangs, dont l'un est au-devant de l'autre qui est composé de colonnes plus basses. Cette dernière disposition se voit aussi au XIV.ᵉ siècle.

On voit assez souvent, comme à la fin du XII.ᵉ siècle, de grandes statues entées sur les colonnes , avec de petites figures sur les voussures , et des bas-reliefs dans le tympan.

Les façades des grandes églises ont ordinairement trois portes , et par fois on en voit deux autres , l'une au nord , l'autre au midi , sous les tours qui accompagnent la façade. Les portes latérales sont souvent décorées avec la même profusion d'ornements que celles de la façade. A partir du XIII.<sup>e</sup> siècle , ces portes latérales qui au XI.<sup>e</sup> siècle avaient été ouvertes sur la nef et le chœur , furent presque toujours placées aux extrémités des trans–septs. Quelquefois les portails sont précédés d'un porche surmonté de pignons triangulaires.

### FIGURES DES TYMPANS ET VOUSSURES.

A partir du milieu du XIII.<sup>e</sup> siècle , le Christ figure rarement dans les tympans ou les voussures , entouré des symboles des quatre évangélistes ( 1 ). Mais lorsqu'il préside au jugement dernier, on le voit , les deux mains élevées , ayant à ses côtés deux anges ordinairement debout, la sainte vierge et saint Jean l'évangéliste

_______

( 1 ) Nous avons vu dans une chapelle du XV.<sup>e</sup> siècle de l'église d'Anse , département du Rhône , le *vesica piscis* formant clé de voûte, à l'intersection des arceaux qui vont retomber et s'appuyer aux quatre angles de la chapelle , sur les symboles des quatre évangélistes. Ces mêmes symboles , sans le *vesica piscis* , sont aussi reproduits aux angles de toutes les autres chapelles qui ont été ajoutées au XV.<sup>e</sup> siècle , au nord de la même église , restée célèbre par les conciles qui s'y sont tenus.

à genoux, les mains jointes, dans la posture de suppliants. Les voussures qui entourent les tympans sont chargées de statuettes. Les anges sont dans les voussures les plus rapprochées du Christ ; viennent ensuite les apôtres, puis les martyrs, enfin les personnages de l'ancien testament, qui sont dans les voussures les plus éloignées. On voit aussi très-souvent à droite et à gauche du Christ, dix statuettes de femmes, les unes portant devant elles une coupe ou lampe, dans sa position naturelle, les autres la tenant renversée. Ce sont les *Vierges sages* et les *Vierges folles*, dont il est parlé dans l'évangile de saint Mathieu, chap. XXV. Au XIII.<sup>e</sup> siècle, la représentation du jugement dernier, avec les accessoires dont nous venons de parler, revient très fréquemment. On voit aussi dans les voussures du XIII.<sup>e</sup> siècle, comme au XII.<sup>e</sup>, la représentation des vertus, sous la figure de femmes terrassant les vices représentés par des monstres hideux ; enfin, les signes du zodiaque, presque toujours accompagnés de l'image des travaux d'agriculture correspondants, comme dans les monuments égyptiens.

## STATUES.

Les statues de grandeur naturelle se multiplient. Elles ont plus de souplesse, de mouvement et d'expression que celles du siècle précédent. Elles ne se placent plus seulement, comme au XII.<sup>e</sup> siècle, sur les parois intérieures des portes , mais encore dans les niches posées au haut des contre-forts et sur les arcades formant galerie dans les façades , où elles allèrent en se multipliant.

TOURS.

Les tours , déjà très-hautes aux XI.e et XII.e siècles , sont au XIII.e, portées à une hauteur prodigieuse. Elles sont éclairées par des ouvertures longues et étroites , et sont souvent surmontées d'une flèche ou pyramide octogone ; et les quatre angles formés à l'intersection de cette flèche et de la tour carrée qui la supporte , sont occupés par des clochetons. Beaucoup de tours non achevées se terminent par une plate-forme ou un toit , au point d'où avait dû partir la flèche. Dans les grandes églises, au XIII.e siècle comme au XI.e , les tours sont placées à droite et à gauche de la façade principale; et une autre tour moins haute, mais plus hardie , surmonte le chœur en forme de dôme, à l'intersection des trans-septs , et fournit la lumière prise à une grande élévation. Dans le même siècle , on voit quelquefois en outre deux tours carrées à chaque extrémité des trans-septs , mais elles sont presque toujours restées inachevées. Souvent , à défaut de ces dernières tours , on voit figurer à la place, de grands clochetons. Des tours, en plus grand nombre encore, se voient dans quelques grandes églises.

## CLOCHETONS.

Les clochetons se multiplient. Ils ressemblent en petit à ces tours qui sont percées d'une ouverture à chaque face. Ils sont ordinairement couronnés par une flèche à quatre ou à huit pans.

## ARCADES.

Les grandes arcades intérieures, communiquant de la nef centrale aux nefs latérales et au chœur, ne sont jamais décorées comme les portes par des bas-reliefs, Leur sommet et le point de départ de leur courbure aux impostes, forment quelquefois un triangle équilatéral, comme ce fut l'usage au XIV.<sup>e</sup> siècle. Mais le plus souvent les arcs plus élevés, et légèrement rétrécis par en bas au point de suture avec les impostes, donnent aux églises une grande apparence de hardiesse et d'élévation.

## VOUTES.

Les voûtes au XIII.<sup>e</sup> siècle se distinguent par une grande hardiesse qui fait beaucoup d'honneur aux artistes de cette époque, d'autant qu'elles étaient excessivement minces, ainsi que les parois des pyramides ou flèches qui surmontent les tours. Les matériaux dont on se servait étaient de petites pierres liées avec beaucoup de mortier ; et pourtant la solidité de ces constructions était en quelque sorte inaltérable. Les voûtes ogivales ont , comme les voûtes à plein cintre , des arceaux croisés , et les points d'intersection sont ornés de fleurons. Quelques arceaux sont parallèles , et traversent les nefs en ligne droïte. Les retombées des voûtes ramenaient le poids sur les piliers ou colonnades , et venaient s'appuyer au niveau de l'entablement qui supporte l'étage supérieur ou *clerestory*. Dans l'Anjou et le Poitou , les voûtes retombaient jusqu'à l'archivolte des grandes arcades , ce qui occasionnait des ressauts et produisait un effet disgracieux qui masquait la perspective.

## PEINTURE.

La peinture polychrôme , déjà employée précédemment , recouvrit de figures et d'ornements les parties les plus remarquables des édifices.

## GÉOGRAPHIE DES STYLES.

Les églises à style ogival du XIII.<sup>e</sup> siècle, deviennent en France plus rares , à mesure qu'on s'avance du nord au midi. La *sainte chapelle* bâtie par saint Louis en 1245 , véritable chef-d'œuvre du genre , montre ce qu'était l'art au nord de la Loire , vers la fin de la première moitié du XIII.<sup>e</sup> siècle , et fait époque dans l'histoire de l'architecture ogivale. Dans l'Alsace et les provinces rhénanes , le roman était encore en honneur au XIII.<sup>e</sup> siècle , qui était pour ces pays l'époque de l'architecture de transition , comme le XII.<sup>e</sup> siècle l'avait été pour le nord de la France. Il en fut de même dans le midi , le Languedoc , la Provence , l'Aquitaine. Les contrées du centre , le Lyonnais et le Dauphiné restèrent aussi en retard pour l'adoption du nouveau style. La raison en est que le midi était plus religieusement attaché aux traditions de l'art romain , et que la douceur du climat n'exigeait plus ces longs toits en pente qui ont entraîné , dans les provinces du nord , l'exhaussement des voûtes et l'allongement démesuré des colonnes et des piliers.

# JALONS

## du quatorzième siècle.

AN

1301. Suite du règne de Philippe--le-Bel.

1309. Abolition de l'ordre des Templiers. — Comté de Lyon réuni à la couronne, sous Philippe-le-Bel.

1328. Mort de Charles-le-Bel. — Avènement de Philippe de Valois.

1336. Commencement de la guerre entre la France et l'Angleterre, qui dura plus de cent ans.

1356. Bataille de Poitiers. — Le roi Jean prisonnier des Anglais.

1400. Vingtième année du règne de Charles VI.

## Style rayonnant.

## *XIV.ᵉ Siècle.*

Le style général du XIV.ᵉ siècle ne diffère de celui du XIII.ᵉ, que par de simples modifications dans les formes et les ornements , et ne constitue pas un style essentiellement différent. Ce ne fut point un changement de principe qui fut introduit dans l'art , mais une dégradation qui procéda d'une manière continue. La sévérité des formes du XIII.ᵉ siècle fut peu à peu abandonnée et fit place à une plus grande complication dans le plan des édifices religieux , et au déploiement d'une plus grande richesse dans les décorations. Ce fut une décadence , selon nous , qui prépara la décadence , bien autrement caractérisée , des XV.ᵉ et XVI.ᵉ siècles ; et cette opinion a rencontré peu de contradicteurs. Il fallut aux artistes innover à tout prix ; et rien ne les arrêta sur cette rapide pente. C'est ainsi qu'en toutes choses l'homme ne sait pas se fixer dans le bien , l'activité providentielle de son esprit le portant incessamment à substituer aux idées les plus justement accréditées , d'autres idées improvisées ne paraissant se recommander d'abord que par l'intérêt qui s'attache à leur nouveauté. Et qui pourrait s'en plaindre , si c'est à ce prix qu'est entretenu chez nous ce désir insatiable d'investigation , qui est la loi commune de l'humanité ou le moyen dont la Providence se sert pour conduire l'homme, par des voies plus ou moins détournées, aux secrètes fins qu'elle lui a préparées ?

Quoiqu'il en soit, le XIV.ᵉ siècle s'est montré, aux yeux de quelques hommes habiles, comme une époque de progrès, non de décadence ; mais dans ce progrès même ils ont aperçu le germe inévitable d'une décadence future. « L'art ogival, » pendant la période du XIV.ᵉ siècle, atteint à » son plus haut degré de puissance et de perfec- » tion ; il allie la grandeur et l'élégance, la » majesté et la richesse : mais pour arriver à » cette perfection, il emploie des éléments dont » l'abus doit le conduire à une rapide et com- » plète décadence. C'est alors que la tradition » de l'art antique est complètement effacée ; on » a peine à retrouver la basilique latine, si » sévère, si imposante, dans ces cathédrales » dont l'œil saisit difficilement l'ensemble, tant » les lignes générales disparaissent sous la pro- » fusion des détails. » *Éléments d'archéologie nationale*, par le *Doct.ʳ Batissier*, publiés à Paris en 1843. Voyez aussi l'*archéologie chrétienne* de M. l'*abbé Bourassé*.

Beaucoup d'églises commencées au XIII.ᵉ siècle, furent achevées au XIV.ᵉ ; mais dans ce dernier siècle on en éleva peu de nouvelles, les guerres occasionnées par la présence de l'Anglais sur notre territoire étant venues distraire la nation de ses préoccupations pieuses. On vit en revanche de toutes parts se dresser des châteaux-forts et des murs crénelés , des hôtels-de-ville avec leurs beffrois.

### PLAN.

Au XIV.<sup>e</sup> siècle , on disposa , pour la première fois , des chapelles le long des bas-côtés de la nef, et on en ajouta même , en sous-œuvre, aux églises anciennes, qui n'en avaient jamais eu qu'autour du sanctuaire. La chapelle placée au chevet de l'église , reçut souvent une plus grande extension que les autres, et fut placée sous l'invocation de la sainte Vierge.

### INFLEXION DU GRAND AXE.

Dans les églises du XIV.<sup>e</sup> siècle , comme dans celles des XII.<sup>e</sup> et XIII.<sup>e</sup> siècles , on remarque souvent une inflexion au nord-est , de l'axe du chœur par rapport à celui de la nef. On attribue cette disposition si singulière à l'esprit de symbolisme des artistes qui prétendaient par-là figurer l'inflexion , du côté droit ou du bon larron , de la tête du Christ au moment de sa mort.

### CONTRE-FORTS. ARCS-BOUTANTS. AIGUILLES.

Les contre-forts et arcs-boutants furent à peu près les mêmes qu'au XIII.<sup>e</sup> siècle. Seulement , au lieu de clochetons, les contre-forts furent surmontés par des aiguilles à crochets , portées sur des bases carrées , octogones , quelquefois triangulaires. Les fenêtres du *clerestory* s'étant considérablement élargies au XIV.ᵉ siècle , les murs affaiblis eurent besoin d'être mieux soutenus : les arcs-boutants furent alors multipliés , et souvent superposés les uns aux autres.

### ORNEMENTS.

L'emploi des feuillages et des fleurs est à peu près le même que dans le XIII.ᵉ siècle. Les moulures offrent plus de maigreur, les tores ont moins de rondeur et de saillie. On remarque plus de recherche et moins de hardiesse dans les moulures. Les *trèfles* sont souvent gravés en creux sur les murs , peu profondément, ou figurés par des tores peu saillants et quelquefois ornés à l'intérieur de feuillages trilobés. Les *quatre-feuilles* donnent lieu à la même observation. Quelquefois , isolés ou groupés en triangle , ils se montrent enveloppés d'un grand cercle , ce qui peut leur faire donner le nom de *quatre-feuilles encadrés.*

### ROSACES.

Les rosaces admettent en petit les mêmes compartiments que les roses ou grandes fenêtres circulaires. Ces compartiments affectent généralement la forme rayonnante du centre à la circonférence.

### ARCATURES.

Les arcatures, indépendamment des ornements qui les accompagnaient au XIII.ᵉ siècle , sont au

XIV.<sup>e</sup> couronnées de petites pyramides ou frontons triangulaires, avec ou sans crochets. Lorsque ces arcatures sont très-élevées, les montants qui les supportent se subdivisent par des meneaux horizontaux, surtout à la fin du XIV.<sup>e</sup> siècle et au commencement du XV.<sup>e</sup>, et le sommet en est garni de broderies comme les fenêtres. Ces arcatures servaient à masquer la nudité des murs.

### TRIFORIUM.

Les *triforiums*, précédemment obscurs, devinrent transparents, les murs étant mis à jour et déchiquetés au-dessous du *clerestory*. Dès la fin du XIII.<sup>e</sup> siècle, on avait commencé à introduire cette modification caractéristique.

### PINACLES.

Les pinacles deviennent plus nombreux et plus élancés ; ils sont souvent couronnés de fleurons, et sont formés d'aiguilles à crochets plus ou moins décorés.

### DAIS.

Les dais s'allongent, au moyen de frontons ou pyramides triangulaires qui les surmontent.

### CROCHETS OU CROSSES.

Les crochets sont prodigués, plus serrés qu'au siècle précédent, et plus constamment disposés sur les parties les plus saillantes. Quelques-uns se terminent en larges feuilles repliées sur elles-

mêmes. Ces feuilles recourbées , déjà employées
à la fin du XIII.ᵉ siècle , furent définitivement
dans le XIV.ᵉ substituées aux crochets , plus maigres et plus allongés , contemporains du style
primitif ogival.

### BALUSTRADES.

Les balustrades , offrent des rosaces , des trèfles , et des quatre-feuilles encadrés , au lieu
des petites arcades en ogive simples du XIII.ᵉ
siècle. Elles offrent aussi des arcades trilobées
et d'autres à tête arrondie et à terminaison rectangulaire.

### COLONNES.

La disposition des colonnes est la même que
dans le XIII.ᵉ siècle. Mais les colonnes groupées deviennent maigres et ne se détachent pas
si bien du corps des piliers.

### CHAPITEAUX.

Au commencement du XIV.ᵉ siècle , les chapiteaux se montrent quelquefois encore peu chargés d'ornements , et formés par de simples crochets comme au siècle précédent. Plus tard , ils
se chargent de feuillages , affectant des formes
plus recherchées que celles qui sont employées
au XIII.ᵉ siècle.

### BASES.

Les bases des colonnes n'offrent plus des scoties évidées comme au XIII.<sup>e</sup> siècle ; et quelquefois le tore supérieur s'écarte de l'inférieur , et s'achemine à la forme adoptée au XV.<sup>e</sup> siècle.

### FENÊTRES.

Les fenêtres , au lieu des deux ouvertures en lancettes encadrées du XIII.<sup>e</sup> siècle , acquirent au XIV.<sup>e</sup> une largeur beaucoup plus considérable , au moyen de plusieurs colonnes ou meneaux montant verticalement. Le centre de l'arcade ogivale qui réunit toutes ces divisions , est rempli par des trèfles , des quatre-feuilles et des rosaces. Les plus larges fenêtres se voient aux chevets des églises formés par un mur droit , et aux extrémités des trans-septs. Les fenêtres du *clerestory* sont , dans les grandes églises , couronnées par des frontons ou pyramides à crochets et à jour. Le XV.<sup>e</sup> siècle conserva cette disposition.

### ROSES.

Les roses s'agrandissent. Les traverses ou rayons se ramifient davantage. C'est cette disposition rayonnante qui a fait donner par quelques antiquaires , au style secondaire ou du XIV.<sup>e</sup> siècle , le nom de *style rayonnant* que nous avons adopté.

### PORTES.

Les portes diffèrent peu de celles du XIII.<sup>e</sup> siècle. Les voussures et les tympans sont également ment couverts de petites figures en bas-relief.

Les frontons triangulaires qui les couronnent sont quelquefois découpés à jour, et non pleins comme au XIII.<sup>e</sup> siècle. Ils sont aussi ordinairement plus élevés et garnis de crochets. Quelquefois les tympans remplacent les bas-reliefs par des rosaces, des trèfles et des quatre-feuilles.

### SCULPTURE.

Dans les sujets traités sur les portes, on s'attache plus aux petits détails, et moins à l'effet général. Le travail est souvent inférieur à celui du XIII.<sup>e</sup> siècle. Les draperies sont quelquefois moins fouillées et plus tourmentées. Le dessin est moins pur. Dans les tympans, pour ménager l'espace, le Christ ne domine pas la scène comme dans les tableaux du XIII.<sup>e</sup> siècle. Les supports en encorbellement sont souvent ornés de figures en caricature; et quelquefois dans le XIV.<sup>e</sup> comme dans le XV.<sup>e</sup> siècle, on voit des moines mêlés à des figures satyriques, et des allusions malicieuses souvent empreintes d'obscénités. C'était un tribut aux idées du temps, et une sorte de liberté de la presse laissée aux *ouvriers libres* dans ces temps de naïveté.

### ARCADES.

Les arcades ne sont pas surélevées, les imposters et le haut de l'ogive correspondant souvent aux trois angles d'un triangle équilatéral comme cela arrivait assez rarement aux constructions du siècle précédent. Les moulures alternativement convexes et creuses des archivoltes, dans les nefs, ne sont plus si fortement accentuées. Les scoties sont moins évidées ; les tores moins arrondis et parfois elliptiques. Le jeu et les oppositions d'ombre et de lumière ne rappellent plus les vigoureux effets du style ogival primitif, qui nous ravissent d'admiration.

## TOURS.

Les tours sont garnies presque toujours au XIV.<sup>e</sup> siècle d'une rampe en pierre avec trottoir, au pied de la base de la pyramide, qui reçoit un plus grand nombre d'ornements, tels que des jours en trèfles et rosaces, et des crochets aux angles. Les pyramides du siècle précédent n'avaient eu guères que des modillons imbriqués ou des tuiles festonnées.

## CLOCHETONS.

Les clochetons offrent en petit l'image des tours ; mais ils n'ont point de rampe à la base de la pyramide, et le toit n'est pas découpé à jour.

## PEINTURE.

L'emploi des couleurs sur les différentes parties des monuments, même sur les colonnes, continua à être honoré au XIV.<sup>e</sup> siècle, autant et plus qu'au XIII.<sup>e</sup>. Les traces s'en conservèrent sur les monuments, jusqu'à la fin du XVI.<sup>e</sup> siècle, époque à laquelle la peinture monumentale fut définitivement détrônée par l'ignoble badigeon des marguilliers, si honoré de nos jours. Or, nos fabriciens ne se doutent guères qu'ils ne sont, dans cette œuvre de mauvais goût, que les continuateurs aveugles des fureurs iconoclastes de la réforme.

### GÉOGRAPHIE DES STYLES.

Les lieux où le style primitif ogival se développa d'abord, furent aussi ceux où le style rayonnant du XIV.ᵉ siècle reçut les plus importants développements. Mais il ne faut pas croire que le midi de la France et les bords du Rhin, chez qui exceptionnellement la transition au style ogival ne s'était opérée qu'au XIII.ᵉ siècle au lieu du XII.ᵉ, n'adoptèrent au XIV.ᵉ siècle que le style ogival primitif, tel qu'il existait au XIII.ᵉ siècle au nord de la Loire. Il n'en fut point ainsi : l'art fut au XIV.ᵉ siècle adopté, au midi de la France et sur les bords du Rhin, avec les conditions de style où il se trouvait alors parvenu dans les pays plus avancés. On remarque toutefois sur les bords du Rhin, des églises percées de longues fenêtres d'une remarquable légèreté, que nous ne trouvons pas au nord de la Loire. Cette disposition s'observait surtout dans les églises qui n'avaient qu'une seule nef et qu'aucun collatéral n'accompagnait. On vit aussi sur les bords du Rhin se développer, au XIV.ᵉ comme au XV.ᵉ siècle, un système d'ornementation, qui consistait à placer

sur deux plans différents et parallèles les moulures des façades, le plan extérieur formant
comme une claire-voie au travers de laquelle
s'apercevaient les moulures du plan intérieur.
Cette disposition se remarque notamment à la
cathédrale de Strasbourg, où elle est du plus
riche effet.

# JALONS

## Du quinzième siècle, et de la première moitié du seizième.

AN

1401. Suite du règne de Charles VI.

1430. Jeanne d'Arc, prisonnière des Anglais.

1440, ou environ. Découverte de l'imprimerie.

1453. Prise de Constantinople par les Turcs. — Fin de l'empire d'Orient.

1461. Mort de Charles VII. — Avènement de Louis XI, mort en 1483.

1492. Les Maures chassés d'Espagne. — Découverte de l'Amérique par Colomb.

1497. Vasco de Gama double le cap de Bonne-Espérance.

1500. Seconde année du règne de Louis XII.

1515. Mort de Louis XII. — Avènement de François Ier.

1521. Ignace de Loyola a la cuisse cassée au siège de Pampelune. — Luther brûle à Wittemberg une bulle du pape Léon X.

1545. Concile de Trente, dernier concile général, qui fut clos à la fin de 1563.

1546. Michel-Ange, nommé architecte de Saint-Pierre, dresse le plan de cette église, qui avait été commencée par Bramante en 1506, et qui ne fut entièrement terminée par le chevalier Bernin, qu'en l'année 1638.

1547. Mort de François Ier. — Avènement de Henri II.

# Style flamboyant.

## *XV.<sup>e</sup> Siècle, et première moitié du XVI<sup>e</sup>.*

Les caractères du style ogival de la troisième et dernière époque, sont faciles à saisir, et la détermination en est nettement tranchée. Au XIII.<sup>e</sup> siècle avaient appartenu la hardiesse de projection des arcs et des voûtes, la simplicité et la pureté des lignes, la grandeur de l'ensemble, la vigueur de l'accentuation ; au XIV.<sup>e</sup>, les mêmes caractères, affaiblis par une ornementation plus développée, et par l'abandon de la sévérité des principes anciens. Le XV.<sup>e</sup> siècle eut pour caractère distinctif, non plus la grandeur et l'élévation, mais la finesse d'exécution des détails, la profusion et l'élégance des décorations. Les lignes furent moins naïves et plus tourmentées ; elles semblaient se ressentir des tortures et des subtilités où était tombé l'esprit scholastique de l'époque. Les grandes lignes disparurent sous l'accumulation des choux frisés et des chardons, qui se dressaient autour des voussures, des flèches et des pignons, et partout où les artistes purent les faire pénétrer. Les voûtes et les arcs avaient perdu de leur élancement primitif, et semblaient, surtout dans les derniers temps, fléchir sous le poids des pinacles et autres ornements dont ils paraissaient surchargés. La forme prismatique se substitua à la forme cylindrique des tores et des colonnettes, qui dégénérèrent en simples baguettes. Les moulures n'eurent plus la sévérité qui les distingua aux meilleures époques de l'architecture. Le *talon renversé*, ou profil en S, en grande faveur lors de la décadence du plein-cintre au XII.ᵉ siècle, fut exclu au XIII.ᵉ, commença à reparaître au XIV.ᵉ, et fut employé au XV.ᵉ siècle avec une déplorable profusion. Cette courbe, dit M. Daniel Ramée, dans son *Manuel de l'histoire générale de l'architecture*, publié à Paris en 1843, « marque une décadence de goût, un oubli to-» tal des formes élégantes produites par la com-» binaison savante de figures et de lignes géo-» métriques. » Si le dessin des édifices religieux fut au XV.ᵉ siècle moins pur et moins correct qu'il ne l'avait été aux deux siècles précédents, ces édifices reçurent en échange, de l'abus même de leur ornementation, un éclat éblouissant de couleur architecturale, qui leur imprima un cachet propre à les faire reconnaître et distinguer au premier coup-d'œil ; comme au premier coup-d'œil l'œuvre de Rubens, le grand coloriste, se montre évidente à tous les yeux.

### PLAN.

La forme ou le plan des églises ne fut pas modifié depuis le XIV.ᵉ siècle jusqu'à l'abandon du style ogival. Toutefois, on y fit des additions de chapelles, destructives de toute symétrie, et donnant l'idée d'excroissances monstrueuses sur le corps des édifices. Les églises furent généralement moins grandes et moins élevées que celles des XIII.<sup>e</sup> et XIV.<sup>e</sup> siècles.

## ORNEMENTATION.

Les ornements prennent une forme prismatique et anguleuse, dans les moulures, les tores, les nervures, les traverses et les moindres détails, ce qui leur donne un air de maigreur et de sécheresse, très-caractéristique du XV.<sup>e</sup> siècle, et qu'étaient loin d'avoir les ornements du XIII.<sup>e</sup> et du XIV.<sup>e</sup> siècle. Les trèfles et les quatre-feuilles abandonnent la pointe mousse des siècles précédents, pour adopter la pointe aiguë.

Les feuillages affectent de nouvelles formes. Les artistes substituent aux feuilles grasses et aux feuilles d'acanthe, celles de chou frisé, de chardon, et de quelques autres plantes qu'on voit figurer dans les corniches. Ces feuilles frisées apparaissent isolées, en bouquets, ou en guirlandes, et forment un des plus remarquables caractères du style flamboyant.

## CROCHETS OU CROSSES.

Les crochets se caractérisent dans le sens des modifications introduites dans l'ornementation végétale. Ils affectent la forme de choux ou de chardons frisés et contournés, rappelant vaguement à l'esprit l'idée d'une tête de dauphin.

### ARCADES SIMULÉES.

Les arcades simulées sont le plus souvent surmontées de pyramides à crochets, partant des impostes, et couronnées d'un feuillage frisé. Fort souvent, ces arcades en circonscrivent d'autres qui sont trilobées.

### PINACLES APPLIQUÉS.

Les pinacles simulés ou appliqués sont au XV.$^e$ siècle extrêmement multipliés sur les contreforts et les parties saillantes. Ils sont munis de crochets, et se distinguent par une grâce et une délicatesse toutes particulières.

### DAIS.

Les dais présentent des couronnements pyramidaux très compliqués, et d'une grande finesse d'exécution. On peut citer comme un spécimen des plus remarquables, le dais à pinacle de l'ancien hôtel du Pélican, à Villefranche, département du Rhône.

### PANNEAUX.

Les panneaux formés de petites arcades trilobées, ordinairement superposées et séparées par des lignes verticales, cachent souvent, aux XV.$^e$ et XVI.$^e$ siècles, la nudité des murs, surtout en Angleterre où on ne trouve pas une seule muraille unie, les voûtes elles-mêmes y étant tapissées de ce genre d'ornement.

### FESTONS.

Les festons trilobés appendus aux voussures des portes et des fenêtres, ou couronnant les contreforts et autres parties saillantes extérieures des édifices, en forme de broderies ou de dentelles, sont caractéristiques de la fin du XV.e siècle et surtout du commencement du XVI.e.

### BAS-RELIEFS. STATUES.

Beaucoup de statues et de bas-reliefs sont incorrects et prétentieux, et présentent des draperies contournées. On voit sur les consoles des figures affectant des positions forcées et étranges, comme au XIV.e siècle. Dieu le père se montre souvent, à partir de la seconde moitié du XV.e siècle, assis et tenant devant lui le Christ en croix, ou présentant sur sa poitrine une colombe emblématique.

### CONTRE-FORTS.

Les contre-forts sont ornés de pinacles simulés et de niches sculptées. Lorsqu'ils supportent des arcs-boutants, et qu'ils se détachent des murs, ils sont couronnés par des clochetons octogones, dont chaque face est ornée de frontons à crochets, ou par des aiguilles en forme de petits obélisques. Les contre-forts font souvent face aux angles de la masse à soutenir, contrairement aux pratiques anciennes qui les disposaient toujours à angle droit le long des murs.

## COLONNES.

Les colonnes groupées sont d'une remarquable finesse, communément elliptiques et non cylindriques. La partie antérieure est aplatie, comme si une règle était appliquée verticalement le long de la colonne. Entre les deux tores de la base on laisse un espace considérable modulé en forme de doucine allongée. Quelquefois ces tores sont remplacés par de simples moulures prismatiques. Les chapiteaux sont fréquemment composés de deux groupes de feuilles frisées, superposés. Vers la fin du XV.ᵉ et au XVI.ᵉ siécle, il y a souvent absence complète de chapiteau, les nervures des piliers allant se confondre avec les ramifications de la voûte. Ces nervures profondément fouillées, accusant de plus grandes difficultés vaincues que les colonnes et colonnettes primitives, ne les ont pas valu sous le rapport de l'effet général de la perspective, l'œil se perdant à une certaine distance dans tous ces détails.

## PILASTRES.

Sur quelques pilastres, on trouve des pinacles, des moulures, et des consoles destinées à recevoir des statues.

## PORTES.

Les portes sont quelquefois ornées de figurines et de statues, comme au XIV.ᵉ siécle. Quelques-unes ont seulement par côté des pilastres divisés en panneaux surmontés d'aiguilles ou de pinacles. Le plus souvent l'extrados est orné d'une bordure de feuillage à crochets ou feuilles de chou frisé, dont le sommet s'élève en pédicule et supporte un piédestal de statue.

### ARCADES EN ACCOLADE.

Beaucoup d'arcades de portes et fenêtres, aux XV.<sup>e</sup> et XVI.<sup>e</sup> siècles, au lieu de se terminer par en haut en pointe mousse, comme les ogives des XIII.<sup>e</sup> et XIV.<sup>e</sup> siècles, reçoivent la forme d'une accolade, en se relevant près du point d'intersection des deux lignes ogivales, qui prennent ainsi l'aspect de deux doucines butées l'une contre l'autre. Cette forme est commune dans l'architecture mauresque, et elle s'applique partout où la forme ogivale est admise, ainsi que dans les lobes des rosaces, trèfles et quatre-feuilles. Cette modification de l'ogive est assez caractéristique. C'était déjà le *rococo* du genre, que l'art de la renaissance se chargea de développer, avec toute la prétention que lui donnait son affiliation maniérée avec l'art antique.

### ARCS TUDORS.

Les portes en arcs surbaissés, nommés arcs *tudors*, parce qu'ils étaient employés en Angleterre sous Henri VII et Henri VIII, se rencontrent chez nous à la fin du XV.<sup>e</sup> et au commencement du XVI.<sup>e</sup> siècle, sous le règne de Louis XII. Elles sont garnies de feuillages frisés.

### FENÊTRES ET ROSES.

Les fenêtres et les roses au XV.ᵉ siècle présentent le plus ordinairement, par l'enlacement des meneaux, des figures contournées semblables à des flammes ou cœurs allongés. Cette disposition, très-caractéristique de l'époque, a fait donner par quelques personnes au style ogival tertiaire le nom de *gothique flamboyant*, ou *style flamboyant*, que nous avons adopté. C'est surtout dans le nord que cette tendance du dessin fut généralement admise. Beaucoup de roses d'un grand diamètre et d'un habile travail, ont été exécutées au XV.ᵉ siècle dans le style flamboyant, même dans des façades de construction plus ancienne.

### ARCADES DES NEFS.

Les tores des grandes arcades des nefs, qui se voyaient encore au XIV.e siècle, sont au XV.ᵉ remplacés par des nervures prismatiques. L'extrados de ces arcades fut, comme les fenêtres, garni quelquefois de feuillages frisés.

### TRIFORIUM.

Dans les grandes églises, le *triforium* continue à être transparent, comme au XIV.ᵉ siècle ; et ses petites arcades se couronnent de broderies flamboyantes.

### BALUSTRADES.

Les balustrades adoptent la forme flamboyante , inscrite souvent dans une sorte de rosace.

### VOUTES.

Les arceaux des voûtes deviennent plus saillants et prismatiques. Ils commencent à se ramifier dans la seconde moitié du XV.ᵉ siècle.

### TOURS.

Les tours , généralement moins élevées , sont plus chargées d'ornements que celles du XIV.ᵉ siècle. Beaucoup de tours carrées ne sont point couronnées par une pyramide. Quelques-unes sont flanquées de contre-forts. On en voit d'octogones , sans pyramide. Les deux tours latérales ont été remplacées au XV.ᵒ siècle par une seule tour carrée, élevée au-dessus de la porte principale , et quelquefois formant saillie sur la façade. Il faut rapporter au XV.ᵉ siècle la plupart des clochers pyramidaux couverts en ardoise. Souvent les tours ne furent pas dégagées des constructions environnantes , ce qui leur donna , selon M. l'abbé Bourassé, une apparence de lourdeur qu'elles n'ont pas en réalité.

### CLOCHETONS.

Les clochetons offrent souvent au XV.ᵉ siècle des tourelles octogones sans ouvertures latérales, mais ornées de panneaux appliqués. Les aiguilles armées de crochets n'ont point de cavité intérieure.

## PEINTURE.

La peinture polychrôme continue à rester en honneur au XV.ᵉ siècle ; mais, au point de vue de la décoration monumentale, elle parait inférieure à la peinture employée dans les XIII.ᵉ et XIV.ᵉ siècles.

## Seconde époque du style flamboyant.

Cette seconde époque , dont le style a été par quelques personnes désigné sous le nom de *style fleuri* , correspond à la fin du XV.<sup>e</sup> siècle et à la première moitié du XVI.<sup>e</sup>. La subdivision du style flamboyant en deux époques , adoptée par M. de Caumont , paraît à M. l'abbé Bourassé trop subtile , par la difficulté de déterminer les caractères qui distinguent cette deuxième époque d'avec la première moitié du XV.<sup>e</sup> siècle. Nous avons pourtant pensé devoir la reproduire.

Cette dernière époque du style ogival se distingue par une profusion de ciselures et par la substitution d'une multitude de filets et de nervures aux colonnes et aux entablements des siècles précédents. On ne bâtissait plus , au moins de grandes constructions : on restaurait , et on faisait des travaux partiels. Les artistes s'attachaient à rendre des détails d'une grande finesse, d'un faire étincelant (*). Alors furent prodigués les festons trilobés appendus aux voussures. On vit des festons couronner les entablements et les sommets des murs , et figurer des sortes de dentelles à jour. Les broderies , les pinacles appli-

(*) L'église de Brou , à Bourg , département de l'Ain , si remarquable par sa belle conservation , appartient à cette seconde catégorie , dont elle est un des types les plus remarquables.

qués , les dais et les niches en encorbellement
richement ciselés , les ceps de vigne , les entre-
lacs , les arabesques , les rinceaux , les quatre-
feuilles ornés et allongés dans le sens vertical ,
caractérisent cette seconde époque. La figure de
la salamandre indique les édifices contemporains
de François I.$^{er}$.

Mais laissons parler M. de Caumont.

« Il s'établissait en France , en Angleterre et
» en Allemagne , vers la fin du XV.$^e$ siècle , un
» système de décoration monumentale qui con-
» sistait surtout à surcharger de ciselures toutes
» les parties des édifices , et à substituer aux
» colonnes et aux entablements un nombre con-
» sidérable de filets et de nervures. Le dernier
» âge du style ogival était celui des travaux
» partiels , des restaurations , des retouches et
» des substructions ; les artistes s'attachaient
» particulièrement à rendre les détails d'orne-
» ment avec une extrême finesse : et ne pouvant
» élever de grandes constructions , ils produi-
» saient des morceaux d'une élégance admirable,
» d'une exécution éblouissante. »

NERVURES.

Les nervures prismatiques ou de simples filets
remplacent les colonnes plus fréquemment qu'au
commencement du XV.$^e$ siècle. Ces nervures
s'élèvent jusqu'au comble , et se prolongent autour des arcades , sans entablements ni chapiteaux. Quelquefois entre les nervures de riches

feuillages profondément fouillés , partant de la base des pilastres , vont s'infléchir autour des ogives.

### RAMPES.

Les rampes des balustrades imitent souvent la feuille de fougère, et reproduisent des ornements flamboyants , inscrits ou non dans des rosaces.

### PORTES ET FENÊTRES.

Les arcs en accolade des portes et des fenêtres, appartiennent surtout aux bas-temps de la période ogivale. Au **XVI.**<sup>e</sup> siècle , les fenêtres en accolade sont quelquefois remarquablement larges et obtuses ; des portes sont comme écrasées sous les dentelles et les festons des voussures.

### PORCHES.

Les porches ou vestibules au-devant des églises furent décorés avec soin. Ces corps avancés affectèrent assez souvent la forme triangulaire , qui manquait d'élégance.

### VOUTES.

Les arceaux de beaucoup de voûtes se ramifient à l'excès, s'entrecroisent de mille façons , et présentent une saillie considérable. Les points d'intersection , ou clés de voûte , sont couverts de culs de lampe ou pendentifs , d'écussons, d'armoiries et d'autres ornements de grand relief.

Quelquefois les culs de lampe représentent des stalactites d'un volume considérable et menaçant. Dès lors les arcades des voûtes abandonnent les traditions sublimes des XIII.ᵉ et XIV.ᵉ siècles, s'inclinent et s'abaissent vers la terre.

### TOURS.

Dans la construction des tours, aux XV.ᵉ et et XVI.ᵉ siècles, les artistes se sont attachés à rechercher des formes nouvelles. Beaucoup de tours octogones furent, vers la fin du XV.ᵉ siècle, établies au milieu des trans-septs sur les arcades centrales. Quelques pyramides sont tronquées ; mais un grand nombre se distingue par une admirable élégance. Quelques tours de la fin du XV.ᵉ et du XVI.ᵉ siècle, sont des prodiges de légéreté, et sont surmontées par des pyramides déchiquetées à jour. Quelques-unes ont aux angles des clochetons reliés au corps principal par des arcs-boutants d'une grande légéreté, chargés de découpures. On vit paraître aussi des pyramides en bois et à jour, couvertes en plomb, et remarquables par leur élégance.

### MOYENS D'EXÉCUTION.

Le zèle pieux et les dons considérables du clergé, les ressources qu'offrirent la concession de grâces spirituelles, les tempéraments apportés à la rigueur des abstinences en échange d'expiations d'une autre nature, furent les sources abondantes où puisèrent les édificateurs d'églises au

XV.<sup>e</sup> siècle. Les corporations de métiers leur vinrent aussi en aide. Ce fut alors, en 1452, qu'un architecte de Strasbourg réunit toutes les corporations éparses d'ouvriers, et en forma une vaste association qui s'étendait sur la plus grande partie de l'Allemagne. Ce fut dans le même siècle que les *loges maçonniques*, en Alsace et en Allemagne, reçurent leur organisation, sous la suprématie du grand-maître de l'atelier de Strasbourg.

GÉOGRAPHIE DES STYLES.

Dans le midi de la France, l'architecture reçut au XV.<sup>e</sup> siècle moins de développement que dans les pays au nord de la Loire ; mais on y tint compte du progrès des styles, c'est-à-dire qu'on y adopta le style flamboyant qui était pour lors en honneur dans les provinces du nord et de l'ouest. Au surplus, les édifices de ce dernier style sont dans le midi plus multipliés que ceux du XIII.<sup>e</sup> ou du XIV.<sup>e</sup> siècle ; mais ils n'atteignent pas à la perfection des édifices de l'époque correspondante qui appartiennent aux pays placés plus au nord. Sur les bords du Rhin au contraire, et en Allemagne, l'architecture ogivale reçut au XV.<sup>e</sup> siècle un magnifique développement ; et le double plan de moulures, formant réseau ou claire-voie, qui avait pris naissance au XIV.<sup>e</sup> siècle, continua à y être fréquemment employé pendant le cours du XV.<sup>e</sup> siècle. Les découpures flamboyantes des fenêtres, les feuillages frisés, et quelques moulures fort en vogue dans les provinces de l'ouest, furent employés sur les bords du Rhin avec plus de sobriété qu'ailleurs ; et les broderies à formes rayonnantes ou arrondies des fenêtres, y furent très-souvent préférées aux broderies flamboyantes généralement adoptées dans d'autres parties de la France.

### RENAISSANCE.

Le style ogival qui avait épuisé toutes les magnificences qu'avait pu étaler le génie inventif des architectes, marchait à grands pas vers sa décadence. Sa richesse l'avait perdu. Une révolution était devenue imminente. Cette révolution, qui prit le nom de RENAISSANCE, commença sous les règnes de Louis XII et de François I.er. Ce fut une lutte entre les principes de l'art ancien récemment réhabilité, et les principes chancelants de l'art ogival en décadence ; et l'on vit alors apparaître une nouvelle époque de transition (*). L'amalgame qui se fit du plein cintre antique et des riches décorations du XV.e siècle, constitua ce qu'on est convenu d'appeler l'archi-

(*) Cette révolution dans l'art ne fut pas la seule qui signala le passage du XV.e au XVI.e siècle. Les Maures chassés d'Espagne, la découverte de Colomb, la résurrection des Grandes-Indes, la révolte de Luther : c'est-à-dire la foi triomphante, l'espoir des peuples tournés vers deux mondes nouveaux, la liberté d'examen ou l'audace de la discussion ; la foi vive et le doute : voilà quels furent les éléments qui s'agitèrent dans la société, au plus fort de la lutte qui venait de s'élever entre les principes de l'art.

lecture de la renaissance. Mais l'ogive se maintint encore quelque temps, même au XVII.<sup>e</sup> siècle, dans l'architecture religieuse ; les arts de la renaissance ayant d'abord envahi les constructions civiles, publiques ou privées, avant de renouveller le système architectural des monuments religieux. Toutefois, le système fondé sur l'ogive continua à décliner, s'impreignant de plus en plus de la couleur antique qu'importèrent en France les artistes italiens appelés par François I.<sup>er</sup>. La forme ogivale qui fut encore quelquefois employée au XVII.<sup>e</sup> siècle dans la construction des fenêtres et des arcades des églises, ne fut plus que l'ombre de ce qu'elle s'était montrée précédemment ; et l'œil y dut chercher vainement l'alliance des décorations ornementales que les siècles précédents avaient mis en si grand honneur.

Enfin, le plein cintre resta seul à son tour maître du terrein que l'ogive lui avait disputé, et dont elle était restée en possession pendant plus de trois siècles. L'ogive, comme les Arabes, semblait n'avoir fait que camper en Europe ; et sa noble conquête devait être traitée comme une usurpation. Ainsi se consomma la révolution qui mit fin au règne de l'architecture ogivale. Ainsi fut exalté un système d'architecture sans originalité, qui à peine a pu produire quelques rares monuments religieux, capables de justifier la légitimité de sa victoire et la préférence qu'on lui a donnée.

FIN DE LA SECONDE ET DERNIÈRE PARTIE.

# EXPLICATION

## DE

## Quelques Termes d'Architecture,

## PLUS OU MOINS ÉTRANGERS A LA LANGUE USUELLE.

————◦————

*Abaque.* Voyez *Tailloir.*

*Abside* ou *apside.* Partie circulaire ou chevet d'une église, où se place le chœur. On voit quelquefois aussi des absides à l'extrémité occidentale de la nef, c'est à dire à l'entrée de l'église. On en voit encore aux extrémités des trans-septs.

*Aiguille.* Ornement en forme de petit obélisque, servant à couronner diverses parties des édifices de style ogival.

*Amande.* Voyez *Vesica Piscis.*

*Ambon.* Espèce de chaire ou de tribune qu'on plaçait, dans les premiers siècles, en avant de l'autel, pour y donner lecture de l'épître et de l'évangile. Jusqu'au XIII.<sup>e</sup> siècle, l'ambon servit aussi de chaire à prêcher Il fut encore vraisemblablement la première idée du *Jubé.*

*Antéfixe.* Pièce servant dans les anciens édifices à main tenir les tuiles au-dessus des corniches. On donne aus-ce nom à un ornement, en forme de croix inscrite dans

10

un cercle , qui souvent au XII.e siècle couronnait et terminait le pignon.

*Appareil.* Taille , emploi , disposition , arrangement des pierres ou briques employées dans la construction d'un mur. Dans les XI.e et XII.e siècles, la coupe symétrique des pièces de l'appareil était caractéristique. Au XIII.e siècle , on employa des pierres plus grandes, mais moins régulièrement taillées.

*Arc-doubleau.* Arc en saillie formant plate-bande sous une voûte qu'il est destiné à fortifier. Les arcs-doubleaux des voûtes ogivales prennent le nom de *Nervures.* Voyez ce mot.

*Arc en accolade.* Arc formé par le relèvement en pointe aiguë , et en manière de doucine , de la partie supérieure d'une ogive , avant le point de rencontre des deux courbes. Cette disposition est particulière aux XV.e et XVI.e siècles.

*Arc en anse de panier.* Arc dont le cintre n'atteint pas le demi-cercle. Il fut employé dès les XI.e et XII.e siècles.

*Arc en fer à cheval.* Arc dont le cintre excède le demi-cercle. Il était déjà employé aux XI.e et XII.e siècles. Lorsque cet arc est une ogive , on le nomme *ogive lancéolée.*

*Arc Tudor.* Arc très-surbaissé , fréquemment admis dans les portes contemporaines de la fin du XV.e et du commencement du XVI.e siècles.

*Arcatures.* Arcades simulées sur les grandes surfaces de murs , pour en rompre l'uniformité. Déjà employées dans les siècles précédents , elles furent principalement en honneur aux XI.e et XII.e siècles, époque à laquelle les modillons en empruntèrent quelquefois la forme. Dès le XIII.e et même le XII.e siècle , les arcades affectèrent la forme ogivale. Au XV.e siècle , elles furent surmontées de frontons triangulaires hérissés de crochets , et couronnés par un bouquet à demi-épanoui.

*Arceau.* Partie cintrée d'une voûte , d'une porte ou d'une fenêtre. Ce mot s'emploie aussi quelquefois comme synonime d'arc-doubleau ou nervure.

*Architrave.* Partie inférieure de l'entablement, qui repose immédiatement sur le chapiteau des colonnes.

*Archivolte.* Partie supérieure , courbée en arc , d'une porte ou d'une fenêtre , s'appuyant sur l'une et l'autre imposte.

*Astragale.* Moulure ronde qui termine la partie supérieure du fût d'une colonne. Placée partout ailleurs , cette moulure prend le nom de baguette.

*Attique.* Corps d'architecture , en forme de parallélogramme allongé , qui se place au-dessus de la corniche d'un édifice , et sert à cacher la toiture.

*Balustrade.* Ornement consistant en une tablette reposant sur des balustres ou petits piliers plus ou moins ornés , et dont la destination est de servir de garde-fou ou de point d'appui le long d'une galerie intérieure ou extérieure.

*Bas-côtés, ou collatéraux.* Nefs latérales , courant parallèlement à la nef du milieu.

*Base.* Partie de la colonne sur laquelle repose le fût , et qui est supportée elle-même par le piédestal. On le dit aussi de la partie qui supporte le dé ou principal corps du piédestal.

*Billettes.* Ornement des XI.e et XII.e siècles , employé surtout dans le nord , sur les archivoltes, les corniches et le nu des murs. Il consiste en petits fragments de tores ou bâtons coupés à intervalles réguliers , ou petites billes cylindriques , disposés sur un ou plusieurs rangs, de manière à présenter alternativement des parties vides et des parties pleines.

*Byzantin (style).* Ce qu'on appelle le style byzantin n'est autre chose que le style roman primitif combiné avec le style grec dégénéré, tel que l'entendaient les artistes de Bysance. Ces artistes en importèrent la connaissance dans l'Occident, principalement à la suite des persécutions contre le culte des images, qui affligèrent l'Eglise dès le commencement du VIII.e siècle, et ne prirent fin qu'au milieu du IX.e. L'amalgame qui se fit aux XI.e et XII.e siècles des deux styles propres à l'Orient et à l'Occident, constitua chez nous l'art Bysantin, cet art que les chroniqueurs appelèrent *novum ædificandi genus.* Ce style étranger avait commencé à s'introduire parmi nous dès les premiers siècles de l'ère romane, et longtemps avant Charlemagne ; mais il ne s'acclimata définitivement dans notre Occident qu'après l'an mille. Le style bysantin, en ce qui concerne la forme générale ou le plan, des édifices religieux, ne prévalut pas chez nous, où l'on employa rarement le plan de la croix grecque, pour s'en tenir au parallélogramme de la basilique latine, avec addition des trans-septs. Mais la coupole dont l'église de Sainte-Sophie avait fourni le modèle, fut souvent adaptée par les artistes Bysantins à nos grandes églises d'Occident, à l'intersection de la grande nef et des trans-septs. Cette coupole fut un des caractères indicatifs du style bysantin. Les ornements nouveaux et multipliés, qui participaient plus du goût oriental que de l'ancienne ornementation grecque, furent encore un produit très-significatif de ce style brillant. Les chapiteaux en furent chargés ; des figures de plantes diverses, d'hommes et d'animaux furent entremêlées de rubans, de perles, de galons et de bandelettes. Les statues se distinguèrent par une physionomie orientale, l'allongement du buste et l'emploi de longues tuniques brodées recouvertes d'un manteau ouvert sur le devant. Toute cette décoration luxuriante, puisée dans le goût oriental, se mêla à l'ornementation romane, qui souvent ne faisait que reproduire les ornements latins, dont les mosaïques antiques, telles que celles de Lyon, de Vienne, de Nîmes et de Narbonne nous révèlaient les formes variées. Voilà en substance quels furent chez nous les caractères principaux du style bysantin.

*Chanfrein.* Petite surface abattue et dressée comme une règle, de l'arête d'une pierre ou d'une pièce de bois.

*Chapiteau.* Corps évasé et chargé d'ornements, qui surmonte le fût de la colonne, et sur lequel s'appuie l'entablement.

*Clerestory.* Mot anglais par lequel on est convenu de désigner le deuxième étage d'une nef d'église, où se trouvent les fenêtres qui éclairent l'édifice, le *triforium* étant le premier étage. Cette disposition est commune aux édifices à plein cintre des XI.e et XII.e siècle, et à ceux du style ogival.

*Clochetons.* Petites tourelles plus ou moins ornées, placées surtout aux angles des grands murs, qu'on trouve rarement dans les constructions romanes, et à profusion dans l'architecture ogivale. Elles y sont employées non seulement comme ornement, mais encore pour ajouter par leur poids à la solidité des contre-forts qui en sont surmontés.

*Collatéraux.* Voyez *Bas-Côtés.*

*Colonnettes.* Petites colonnes minces et effilées qui, de courtes qu'elles étaient au XI.e siècle, époque à laquelle s'établit définitivement l'usage de les réunir en faisceaux, devinrent démesurément longues en passant du style roman au style ogival. Ces colonnettes, isolées ou groupées, formaient moitié ou trois quarts de saillie, ou même saillie entière sur les murs ou piliers qu'elles étaient destinées à décorer. M. de Caumont prétend avec raison que la colonne étant devenue non le support, mais l'accessoire ou l'ornement du support réel,

102

on pouvait en varier à l'infini les proportions. Avant le XIV.<sup>e</sup> siècle, la ligne de ces colonnettes était souvent interrompue à distances égales par des anneaux sculptés en relief sur la pierre, qui leur ont fait donner le nom de *colonnes annelées*. Mais ces anneaux ne parurent plus ou presque plus dans les monuments du XIV.<sup>e</sup> et du XV.<sup>e</sup> siècles.

*Console.* Voyez *Modillon* et *Corbeau.*

*Contre-Fort.* Mur ou pilier placé à l'extérieur d'un bâtiment, pour soutenir la poussée d'une voûte, contre laquelle il bute soit par un contact immédiat, soit au moyen d'un arc-boutant qui s'appuie sur le contre-fort, et repose par l'autre bout contre le mur qu'il est appelé à soutenir. Les contre-forts ont tendu à prendre plus de pied, à mesure qu'une plus grande élévation des voûtes occasionnait une plus forte poussée.

*Corbeau* ou *Console.* Petit corps d'architecture, destiné à supporter la saillie d'une corniche, d'un balcon, d'une pièce de bois ou d'un encorbellement quelconque. La console, dont l'office est plus spécialement de supporter un balcon ou une corniche, est souvent chargée d'ornements. Voyez *Modillon.*

*Corniche.* Partie supérieure de l'entablement, au-dessous de laquelle se trouve immédiatement la frise. La corniche sert aussi de couronnement à d'autres parties de l'architecture.

*Cryptes.* Chapelles souterraines pratiquées dans les églises, pour y recevoir les dépouilles des saints et y célébrer l'office divin. Contemporaines de l'architecture à plein cintre, on en a à peine construit quelques-unes postérieurement au XII.<sup>e</sup> siècle. Dans les catacombes et cryptes primitives, le tombeau du saint martyr était recouvert d'une table en pierre ou en marbre, *mensa*, qui servait à la célébration des saints mystères. Ce fut l'origine des autels que l'on plaça plus tard au milieu du sanctuaire, au-dessus du sarcophage d'un confesseur de la foi. Si l'on n'avait pas le corps d'un martyr, on se contentait de renfermer quelques parcelles de reliques dans la pierre sacrée qu'on scellait sur la table de l'autel. Dans les églises les plus anciennes, on ne voyait qu'une seule crypte et un seul autel.

**Dais.** Petit couronnement faisant saillie sur le mur, le plus souvent au-dessus de la niche destinée à loger une statue. Dans les derniers temps, le dais fut surmonté de pinacles très-ornés.

**Encorbellement.** Construction faisant saillie sur le plan vertical d'un mur, et soutenue sur des corbeaux ou consoles.

**Entablées ( Feuilles ).** S'entendent de feuilles d'ornement courant sur les parties saillantes de l'entablement et sur le tailloir du chapiteau.

**Entablement.** Corps d'architecture qui règne sur les chapiteaux des colonnes. Il est composé de trois parties, l'architrave, la frise et la corniche, disposées de bas en haut dans l'ordre qui précède. L'entablement se dit aussi du corps sur lequel reposent les poutrelles d'une toiture.

**Extrados.** Partie extérieure et convexe d'un arc ou d'une voûte.

**Fleuron.** Ornement figurant des pétales épanouies, dont le nombre n'est pas inférieur à cinq, ce qui le distingue des *trèfles* et des *quatre-feuilles*. Le fleuron se distingue aussi des *rosaces*, qui sont beaucoup plus grandes, et qui ont un nombre indéterminé de lobes ou de pétales.

**Frettes crénelées.** Ornement des XI.e et XII.e siècles, employé principalement dans le nord sur les archivoltes, les corniches et le plain des murs. Il se rapproche de la *grecque*, qui est plus compliquée. On distingue la *frette* *crénelée rectangulaire*, dont la forme rappelle celle de nos créneaux de murs fortifiés, et la *frette crénelée triangulaire*, qui diffère de la précédente comme le triangle diffère du carré. On retrouve les frettes crénelées dans les mosaïques appartenantes à l'époque gallo-romaine.

*Frise.* Partie de l'entablement qui se trouve entre le corps inférieur qui est l'architrave et le corps supérieur qui est la corniche. La frise est souvent couverte de sculptures.

*Fronton.* Espace triangulaire formé de trois corniches environnantes et d'un intérieur nommé tympan, placé au sommet du frontispice d'un édifice, ou au-dessus d'une porte ou d'une fenêtre.

*Fût.* Partie cylindrique d'une colonne, qu'on couvrit de moulures vers le XII.e siècle.

*Godronné.* Se dit de chapiteaux disposés en compartiments angulaires ; rayonnant de bas en haut, creusés en forme de tuiles, et séparés par de profonds sinus.

*Imbrication.* Disposition d'ornements, superposés les uns aux autres, comme les écailles d'un poisson, les plumes des oiseaux, ou les tuiles d'un toit.

*Imposte.* Corniche de pierre faisant saillie au-dessus des jambages ou pieds-droits d'une porte ou d'une arcade, et sur laquelle repose l'archivolte à chaque point de sa naissance.

*Intrados.* Surface intérieure et concave d'un arc ou d'une voûte.

*Lancette.* Fenêtre étroite et allongée des premiers temps de l'architecture ogivale, dont la forme imitant un fer de lance lui a fait donner par les Anglais le nom de *lancette* qu'on lui a conservé en France.

*Linteau.* Pierre de taille placée horizontalement au sommet de l'ouverture d'une porte ou d'une fenêtre ; au-dessus de laquelle se déroule l'archivolte. L'emploi d'un arc au-dessus du linteau de la porte était d'un usage très-fréquent aux premiers temps de l'époque romane : c'était une condition de solidité qui avait été recommandée par Vitruve. Le linteau représente la corde de l'arc formé par le développement de l'archivolte, et l'espace compris entre ces deux lignes se nomme le tympan.

*Listel.* Petite moulure plate, qui se place au-dessus d'une moulure d'une plus grande dimension, ou sépare les cannelures d'une colonne.

*Meneaux.* Montants ou traverses en pierre ou autre matière, qui divisent une croisée en plusieurs compartiments, et se ramifient ordinairement dans la partie supérieure.

*Modillons.* Ornement en saillie placé sous une corniche pour la soutenir, et figurant l'extrémité des chevrons. On leur donne aussi le nom de *corbeaux* ou *consoles*. Ces modillons sont fréquemment sculptés en têtes d'hommes ou d'animaux. Dans le XII.e siècle, les modillons à figures grimaçantes furent parfois remplacés par des consoles en arcatures ogivales, ou en dents de scie.

*Nébules.* Ornement employé aux XI.e et XII.e siècles, dans le nord de la France principalement, sur les corniches, les archivoltes et le nu des murs ; affectant la forme d'un zig-zag arrondi dans ses angles.

*Nervures.* Moulures saillantes placées aux arêtes des voûtes ogivales et ailleurs. Les plus anciennes étaient rondes. Devenues prismatiques et anguleuses, elles caractérisent la troisième et dernière époque du style ogival. Les nervures des voûtes ogivales représentent les *arcs-doubleaux* employés dans les voûtes à plein-cintre.

*Nimbe.* Cercle lumineux ou auréole, placé derrière la

tête des saints, dans les représentations du moyen-âge. Celui du Christ était traversé par une croix grecque, représentant la trinité par ses trois branches apparentes, la branche inférieure restant cachée derrière la tête. Le nimbe des saints n'avait jamais cette croix. Cette auréole est sans doute une imitation du cercle que, dans certaines médailles du Bas-Empire, on voit figurer derrière la tête des Empereurs.

*Ogive.* Disposition des arcs ou voûtes, affectant la forme d'un œuf, ou la courbure en pointe ou à tiers-point. Les voûtes d'abord, et bientôt après les arcs, en ogive, ont commencé dans le XII.ᵉ siècle à être fréquemment employés, concurremment avec le plein cintre roman. Auparavant, l'emploi de l'ogive n'était en quelque sorte qu'accidentel. Dans le XIII.ᵉ siècle, on l'a employé presque à l'exclusion du plein-cintre qui, dans le cours du même siècle, a fini par être complètement abandonné. L'ogive, en ramenant le poids de la masse presque verticalement sur les piliers, eut le très-grand avantage de réduire considérablement l'inconvénient de la poussée des voûtes, contre lequel jusqu'alors on n'avait imaginé que les contre-forts plus ou moints saillants. L'emploi des voûtes en arête seconda cette heureuse tendance. M. de Caumont fait justement observer que l'arcade ogivale ne fut point la cause mais la conséquence de l'adoption du système ogival, qui ne consiste pas seulement dans l'emploi de la courbe ogivale, mais dans celui des faisceaux de colonnes, et de l'ornementation substituée à l'ornementation romane : on pourrait ajouter : dans l'adoption des grandes et majestueuses proportions des temples nouveaux.

A la fin du XII.ᵉ siècle, la courbe ogivale ne se distingua qu'à peine du plein-cintre dont elle usurpait la place. Au XIII.ᵉ siècle, elle s'élança en forme de *lancette* d'autant plus aiguë que les centres respectifs des deux courbes génératrices étaient pris plus en dehors de l'intérieur de l'ogive. Au XIV.ᵉ siècle, plus habituellement les centres se rapprochèrent, et vinrent se placer à la naissance des deux courbes ogivales , de manière à former l'ogive *à tiers-point* proprement dite ,c'est-à-dire à base ou ouverture égale à chacun des côtés. Plus tard, au XV.e siècle , l'ogive fut *surbaissée* , c'est-à-dire que les centres furent choisis , non plus à l'extérieur ou à la naissance des courbes , mais à deux points intérieurs. On essaya aussi , au XV.e et dans la première moitié du XVI.e siècle , de relever en sens contraire cette courbe surbaissée , et l'on produisit l'ogive *en accolade*. Enfin , la Renaissance s'arrêta à un centre unique , choisi au milieu de la distance séparant les deux points de départ de la courbe , c'est-à-dire qu'elle revint au *plein-cintre* parfait , d'où l'on s'était écarté depuis le XII.e siècle. On nomme *ogive lancéolée* , celle dont la courbure se prolonge par en bas au-delà de la ligne horizontale des centres. Elle a de l'analogie avec l'*arc en fer à cheval* , qui est formé par le développement inférieur d'une courbure à plein cintre.

*Piédestal.* Support composé de base , dé et corniche , sur lequel repose la base de la colonne.

*Pieds-droits.* Se disent des jambages d'une porte ou d'une fenêtre.

*Pignon.* Partie supérieure d'un mur se terminant en pointe , et supportant le bout du faîtage d'un comble à deux pentes.

*Pilastres. Piliers.* Le *pilier* est une sorte de colonne ou de massif destinée à supporter le poids d'un édifice. Il est ordinairement carré , sans proportion obligée ; et se trouve le plus souvent dépourvu d'ornements. On en faisait avant le XI.e siècle un fréquent usage pour soutenir les arcades des nefs. Les faisceaux de colonnes et de colonnettes les ont remplacés plus tard.

Le *Pilastre* participe davantage de la colonne dont il emprunte les proportions et les ornements. Il est ordinairement engagé dans le mur ou même sur les faces des piliers. Quelquefois il est placé derrière les colonnes. Il y a des pilastres doriques , ioniques , corinthiens , des pilastres cannelés. Dans l'usage , on confond souvent ces deux dénominations

*Pinacle.* Sorte de clocheton de petite dimension, espèce de petite flèche ou pyramide , ornement beaucoup plus commun aux XIV.e et XV.e siècles qu'au XIII.e ; détaché , ou simplement appliqué contre un mur pour le décorer ; et chargé de crochets ou de feuillages frisés , qui en font une des décorations les plus caractéristiques du style ogival.

*Quatre-feuilles.* Le *quatre-feuilles* est un ornement à quatre lobes, d'un usage très-fréquent dans l'ornementation ogivale. On aurait pu le nommer *pétale de lilas ,* à cause de l'évidente analogie des formes. Le type de cet ornement , du reste , se retrouve dans les mosaïques de l'époque romaine , avec celui de beaucoup d'autres ornements dont on a , trop facilement peut-être , fait honneur au génie de l'ère ogivale , et à l'influence des artistes bysantins. On nomme cet ornement *quatre-feuilles encadré ,* lorsque les quatre lobes sont entourés d'un cercle. Cette modification parut au XIV.e siècle.

*Rinceaux.* Sorte d'arabesques où ne figurent que des branches et des fruits gracieusement enlacés.

*Rosace.* La rosace , qui n'a point le relief du fleuron , s'en distingue encore par sa dimension qui est plus grande , et par l'emploi d'un plus grand nombre de lobes ou de pétales épanouies à l'entour.

*Roses.* Fenêtres rondes qui d'abord , sous le nom *d'œil de bœuf ( oculus ),* étaient très-petites et peu ornées. Vers la fin du XII.e siècle , elles s'aggrandirent et se garnirent de meneaux qui du centre à la circonférence rayonnaient comme les rayons d'une roue. Plus tard ces rayons firent place à d'autres dispositions plus compliquées et qui s'écartaient de la régularité des lignes géométriques. Les roses se placèrent au-dessus de la porte principale, aux extrémités des trans-septs, et quelquefois au centre de l'abside.

*Salamandre.* Animal caractéristique des monuments contemporains de François I.er qui l'avait adopté pour emblême. Cet ornement appartient donc à la première moitié du XVI.e siècle.

*Scotie.* Moulure concave, employée à la base des colonnes, faisant le contre-pied du *tore*

*Symboles.* Les symboles des quatre évangélistes étaient l'*aigle* pour *saint Jean ;* le *lion* pour *saint Marc ;* l'*ange* pour *saint Mathieu ;* le *bœuf ( Vitulus )* pour *saint Luc.* Ces quatre figures symboliques, à partir du XI.e siècle, accompagnèrent la figure du Christ qui était représenté dans les tympans romans, assis et les pieds reposant sur un *scabellum*, escabeau ou marche-pied. ( Apocalypse, chapitre 4, verset 7).

D'autres symboles en grand nombre figurent dans nos temples anciens. Pour leur appréciation, voyez les observations de *Durand*, évêque de Mende au XIII.e siècle, rapportées en note page 203 de *l'histoire de l'architecture religieuse au moyen-âge* de M. de Caumont, édition de 1841.

*Tailloir* ou *Abaque.* Partie supérieure du chapiteau, en forme de tablette allongée horizontalement, sur laquelle repose l'architrave. A la fin du XIII.e et au commencement du XIV.e siècle, le tailloir de carré qu'il était devint octogone.

*Tiers-point.* L'arc en tiers-point est la même chose que l'arc ogival dont les trois extrémités correspondent aux trois angles d'un triangle équilatéral. Le centre de chacune des deux courbes de cette ogive est pris à la naissance même de l'autre courbe. Ainsi la base de cette ogive est égale à la corde de chaque fraction de courbe entrant dans sa composition. L'arc en tiers-point fut très en vogue au XIV.e siècle.

Quelquefois on emploie ce mot plus largement, et comme synonime d'ogive en général, par opposition au plein cintre.

*Tore.* Moulure convexe, ronde, ou boudin, placée à la base des colonnes, autour des portes ou arcades, et ailleurs. Voyez *Scotie.*

*Trans-septs*, *chalcidiques*, *bras* ou *croisillons*, enceinte primitivement entourée de barrières, placée au de-là de la nef, *( trans-septum ),* dans les basiliques, occupée par les avocats, greffiers et gens de justice. Cette enceinte reçut plus tard les clercs et les chantres, et pour cette raison se nomma le *chœur.* L'extension des trans-septs donna aux basiliques anciennes, transformées en temples chrétiens, l'apparence symbolique d'une croix. L'autel était au milieu du trans-sept, et le célébrant avait le visage tourné du côté de la nef ou des assistants. Au fond de l'abside placée derrière le célébrant, l'Evêque, pour présider l'assemblée des fidèles, prit la place que le juge occupait autrefois dans les basiliques. A l'époque de la Renaissance, le trans-sept se plaça quelquefois au milieu de la longueur de la nef, comme dans la croix grecque. L'adoption des trans-septs remonte aux IV.e et V.e siècles.

*Trèfles.* Ornement à trois lobes, imitant la feuille de trèfle, introduit au XIII.e siècle, et employé avec profusion dans l'architecture ogivale.

*Triforium.* Les Anglais nomment *triforium* la galerie étroite, obscure d'abord, transparente plus tard, qui dans les grandes églises régna au dessus des arcades séparant la nef principale d'avec les bas côtés, et au dessous de l'étage des fenêtres ou *clerestory.* Cette galerie étroite, espèce de couloir, ne doit pas être confondue avec la tribune qui surmontait les collatéraux et en avait toute la profondeur. Le *triforium* apparut dans les édifices romans du XI.e siècle, et fut maintenu dans les siècles postérieurs. Voir le glossaire de Du Cange.

***Trilobé.*** Divisé en trois lobes , circonscrit par trois portions de cercle.

***Tympan.*** Espace uni, quelquefois couvert de bas-reliefs, compris entre les trois corniches d'un fronton , on placé au dessus d'une porte entre le linteau et les branches d'une courbe romane ou ogivale.

***Vesica piscis*** ou ***Amande.*** Encadrement elliptique , tracé autour de la représentation du Christ , assis ou debout , qui figure dans les tympans ou autres parties des édifices religieux du moyen-âge. On remarquera , à cette occasion , que le Christ en croix figure très-rarement dans les sculptures antérieures au XIII.e siècle.

***Voussure.*** Courbure ou cintre d'une voûte , d'une porte ou d'une fenêtre.

***Voûtes d'arête.*** Avant le XIII.e siècle les artistes éprouvaient de grandes difficultés pour établir des voûtes d'une certaine largeur. Ils imaginèrent de les diviser par compartiments carrés , et de diriger la pression sur les piliers ou les faisceaux de colonnes. Cette disposition se nommait *voûte d'arête.* Au XI.e et surtout au XII.e siècle , elles furent consolidées par des arceaux en pierre de taille , conduits en ligne diagonale , et souvent façonnés en tores ou boudins. Les voûtes en ogive qui remplacèrent au XIII.e siècle les voûtes à plein-cintre, furent disposées et croisées de la même manière. Quelques arceaux furent disposés parallèlement et traversèrent les nefs en ligne droite.

FIN.

www.ingramcontent.com/pod-product-compliance
Lightning Source LLC
LaVergne TN
LVHW021851170726
843503LV00003B/1175